AF453083

EXAMEN

DE L'ENQUÊTE COMMERCIALE

SUR LES SUCRES EN 1829,

PRÉCÉDÉ

DE L'EXAMEN DE L'ENQUÊTE SUR LES FERS

IMPRIMERIE DE A. FIRMIN DIDOT,

IMPRIMEUR DU ROI, RUE JACOB, N° 24.

EXAMEN

DE L'ENQUÊTE COMMERCIALE

SUR LES SUCRES en 1829,

PRÉCÉDÉ

DE L'EXAMEN DE L'ENQUÊTE

SUR LES FERS (2e ÉDITION);

Par M. ANISSON.

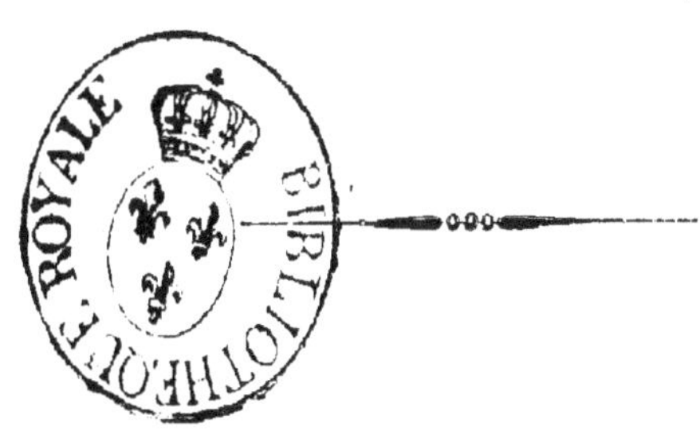

PARIS,

CHEZ FIRMIN DIDOT FRÈRES, RUE JACOB, N° 24.
— MONGIE AÎNÉ, BOULEVARD DES ITALIENS, N° 10.
— MESNIER, PLACE DE LA BOURSE.
— CH. BÉCHET, QUAI DES AUGUSTINS, N° 57.

1829.

INTRODUCTION.

Les procès-verbaux de la Commission d'enquête et
les deux comptes-rendus ou rapports qui les accompa-
gnent, ont été publiés au mois de mai dernier, vers la
fin de la session; ils devaient être immédiatement soumis à la discussion des Chambres; je me hâtai de rap-
peler les principes dont l'autorité, fondée sur la raison
et l'expérience, devait décider ces importantes questions,
et je pris à cet effet, pour texte d'application, la question de la taxe sur les fers étrangers, sujet de la première de ces deux enquêtes.

L'ajournement de la discussion de l'une et de l'autre
m'en ayant laissé le loisir, j'essaierai aujourd'hui de
fortifier le principe extrait des faits de la première
enquête, en montrant la conformité de ses conséquences avec les faits constatés par la seconde; et je réu-
nirai l'examen des deux questions, pour que leur rapprochement opère une pleine conviction en rendant plus
sensible le lien qui les unit dans une commune vérité.

Je reproduirai donc l'analyse déja publiée des faits
énoncés dans l'enquête sur les fers, aboutissant à ce
principe, que les taxes instituées en vue de la protection du travail, loin de lui profiter, sont nuisibles, non-
seulement au travail, considéré actuellement et dans
son ensemble, mais finalement aux producteurs mêmes,
qu'elles prétendent favoriser spécialement; attendu que
le bénéfice destiné à ceux-ci, va promptement se réa-

liser, en accroissement de rente, pour le propriétaire foncier, au grand détriment de la société, qui y perd infiniment plus que le propriétaire n'y gagne.

Passant ensuite à l'enquête sur les sucres, je partirai des causes générales précédemment reconnues dans des circonstances analogues; et suivant leur action et leur influence, jusqu'à leurs plus importans effets, je montrerai ceux-ci de tout point conformes aux faits particuliers constatés par cette seconde enquête.

Fortifié alors de cette double épreuve, j'oserai recommander en pleine confiance des principes si solidement établis, et me croirai fondé à décliner, pour les opinions que je partage, ces imputations de vagues théories, d'utopies, etc., que nous renverrons de plein droit à ces sages praticiens, zélateurs du *statu quo*, accoutumés à attaquer les causes dans leurs effets, et se livrant sur le pays, depuis longues années, à de si vaines et cruelles expériences.

En commettant d'éminens et honorables personnages à la recherche de la vérité, M. le Ministre du Commerce avait rendu hommage à l'éternelle raison, qui veut que tout principe soit fondé sur l'observation des faits, et que ceux-ci soient constatés par les témoignages contradictoires des divers intérêts.

La Commission devait donc rechercher cette solide et féconde vérité, et l'avouer ensuite courageusement, en proposant de l'armer de toutes précautions, de tous tempéramens nécessaires à une application sage et mesurée.

Elle était autorisée à acquérir cette gloire, puisque le Ministre lui-même, dès sa première séance, l'invitait, *avant tout*, à FIXER LES PRINCIPES *qui devaient*

présider à la solution des questions spéciales sou-
mises à son examen.

Cette invitation était parfaitement sage, et nous en avions tiré le plus favorable augure, au moment où les faits à constater par l'enquête semblaient devoir fournir une base solide à l'établissement des principes et à leur application subséquente.

Mais ce ne fut pas ainsi malheureusement qu'on l'entendit : selon M. le rapporteur de la première enquête, la Commission se trouva composée *de personnes trop expérimentées pour se soumettre à des débats qui eussent entraîné d'inutiles longueurs ; elle jugea que vivant de fait sous le régime de la protection du travail, il était superflu d'en discuter le principe ; que par égard pour les intérêts engagés, il fallait s'en tenir à ce système, et par conséquent imposer aux consommateurs et aux industries non protégées toutes les charges réclamées, à juste titre, par les diverses natures de travail qui ont besoin de protection* (1).

M. le Rapporteur de la seconde enquête, qui semble mieux apprécier la question principale, en motive néanmoins l'abandon sur cette considération, que parmi tous les témoins entendus dans l'enquête, aucun n'a réclamé la suppression des droits protecteurs. *Comment, dit-il, la Commission aurait-elle proposé une mesure qui n'eût été l'expression d'aucun vœu, d'aucune demande, d'aucune prétention ? elle a donc été d'avis à l'unanimité que le système ne devait pas être abandonné* (2).

(1) Rapport de M. le baron Pasquier, sur l'enquête des fers, pages 3, 8 et 54.

(2) Rapport de M. le Cte d'Argout, sur l'enquête des sucres, p. 51.

Il est vrai, qu'en effet, aucune réclamation ne s'est élevée contre la taxe et la surtaxe des fers étrangers, de la part des maîtres de forges, propriétaires de bois et de mines, de la part des colons, et même (admettant la prime intégrale) de la part des raffineurs de sucre, qui ont été entendus par la Commission; si toutefois un consommateur représentant la société, la population entière, y eût été appelé, l'argument de M. le Rapporteur eût bien pu se trouver compromis.

Et cependant, tel est l'empire de la vérité, qu'à part l'avis des parties intéressées, ces faits, invoqués par elles-mêmes, convenablement recueillis et analysés par la Commission, l'eussent forcément conduite à des conclusions opposées.

Mais, commodément retranchée sur ce qu'elle appelle le *terrain des réalités*, et se bornant à pourvoir aux désirs de ceux qu'il lui plaît d'interroger, elle ne voit à s'inquiéter que du choix parmi les taxes prohibitives, et de l'ordre suivant lequel les divers emplois du travail doivent participer aux bienfaits de la protection.

Ni dans l'un ni dans l'autre de ces deux rapports, il ne faut donc chercher d'idées générales, de principes résultans des faits qu'elle a été appelée à recueillir; tout ce qu'on en peut extraire se réduit à cette seule pensée: *qu'il ne faut pas chercher des principes dans un système absolu, car aucun n'est applicable...... que ni la liberté ni la protection ne doivent être absolues...... et qu'il ne faut rien dire d'absolu; car on ne serait pas dans le vrai* (1).

____

(1) Rapport sur les fers, p. 5 et 7.

Rien d'absolu ni de certain, si l'on veut; mais cet énoncé dogmatique est mal placé dans le travail d'une Commission peu favorable aux théories qu'elle estime inapplicables; car si rien n'est absolu, l'axiome lui-même ne l'est pas, et fût-il incontestable, on ne voit pas trop à quoi l'appliquer.

Sans doute, la règle peut n'être pas exempte d'exceptions, si le principe est le fruit d'une expérience superficielle, d'observations triviales réunies sans méthode, parce qu'arrivant à la pratique, le premier fait non prévu peut réclamer une exception pour sauver tout le système, en attendant qu'un semblable accident vienne le mettre à une nouvelle rançon.

M. de St.-Cricq a dû éprouver de nombreux mécomptes de cette espèce.

Mais un principe extrait de faits concluans, et limité dans ses déductions selon la mesure de ces faits, un tel principe acquiert toute la solidité d'une certitude complète; dans ce cas, toute exception est impossible, en ce que la possibilité impliquerait l'absurde.

Une analyse bien faite peut donc nous donner des principes certains, si ce n'est d'une certitude absolue qui satisfasse la Commission d'enquête, du moins de toute cette certitude relative que comporte la nature humaine, et dont Newton se contentait.

Or, ce n'est pas seulement sur de hautes probabilités que reposent aujourd'hui les principes généraux de l'économie politique; et tels ont été les laborieux efforts des philosophes modernes, telle est la rigueur de leurs inductions, que ces axiomes portent tous les caractères d'une certitude réputée complète, en ce qu'elle suffit à tous nos besoins.

Ad. Smith a promulgué le travail, cause souveraine de la richesse;

La division du travail, cause de l'accroissement de sa puissance;

Et la liberté de son application, cause de sa fécondité.

M. Say a déduit de ces principes de judicieuses conséquences sur la théorie des débouchés, et les causes d'engorgement du marché.

Malthus a proclamé le principe général qui détermine l'accroissement de la population; il a fixé la loi de ses rapports avec le capital, et en a déduit celle qui règle les degrés de l'aisance individuelle.

MM. West et Malthus ont fixé la nature, l'origine et la cause de la rente foncière, et déterminé ses variations dans ses rapports avec l'état de la société.

Enfin Ricardo a fixé le principe général de la valeur réelle des produits et de leur distribution parmi les diverses classes de la population; il a reconnu la loi qui règle le taux du profit, celui du salaire, leur rapport mutuel, et celui des progrès de la richesse avec l'un et l'autre.

J'ignore la cause de ces principes; si elle m'était révélée, mon ignorance reculerait d'un degré, et voilà tout; mais leur source m'est bien connue, ils sont tous extraits d'une expérience suffisante; leur démonstration satisfait pleinement mon intelligence et détermine ma conviction; je les tiens donc pour certains, absolus ou non, n'en déplaise à la Commission.

Oui, me dit-on, tous ces principes peuvent être vrais en spéculation; mais ils ne sont pas susceptibles d'être appliqués.

Mais d'abord, si vous accordez le principe en théorie, pourquoi soutenez-vous théoriquement, chaque année, des principes contraires, soit à la tribune publique, soit dans toutes les professions officielles sur lesquelles sont fondés vos propositions législatives et les actes de votre administration?

Que si vous admettez les principes, mais en théorie seulement, veuillez nous expliquer cette prétendue opposition de la théorie à la pratique.

Cherchons-nous donc autre chose que des moyens? et les moyens, dans la pratique, sont-ils autres que les causes indiquées par la théorie?

Nos principes, vrais en théorie *absolue*, ne le seraient, selon vous, qu'en pratique *relative;* parce que:

D'une part, nous ne disposons pas des volontés étrangères qui nous refusent une réciprocité indispensable;

Et d'autre part, parce que, chez nous-mêmes, des intérêts engagés souffriraient d'un changement de système.

Dès-lors, dites-vous, à quoi bon discuter et savoir, quand nous ne pouvons conclure ni agir?

A quoi bon? mais parce qu'apparemment vous ne prétendez pas procéder à l'exemple des brutes ou des machines. Cherchez donc d'abord et reconnaissez la vérité, pour y accommoder ensuite vos actions autant que vous le pourrez faire, et, en attendant, pour cesser du moins de marcher dans une direction contraire.

Il vous faut, dites-vous, une réciprocité générale!

Si donc les taxes intérieures de l'Angleterre, nécessaires au service de sa dette publique, exigent des taxes compensatrices (*Countervailing duties*) à l'introduction de nos produits chez elle, afin de rétablir l'équilibre dérangé par l'impôt, nous devrons subir chez nous une charge analogue, sans la même nécessité?

Si de vieux préjugés ou les intérêts privés de son aristocratie territoriale protégent encore quelques restrictions plus ou moins ridicules ou coupables;

Et supposant que l'Espagne eût encore de l'or et de l'argent dont elle pût gêner l'exportation par d'inutiles réglemens;

Il nous faudrait donc supporter le poids d'une législation analogue, en l'honneur de la *réciprocité?*

Mais la vérité perd-elle son caractère, parce que d'autres pratiquent l'erreur? et de quel droit introduisez-vous dans la pratique une nécessité relative, que la théorie ne renferme pas? Si vous convenez que la balance du commerce soit une chose vaine et frivole, vos prétendus excédans d'exportations sont des niaiseries, et cependant, vos taxes prohibitives n'ont pas d'autre appui. Quand nous exportons notre vin ou notre argent, n'en recevons-nous pas l'équivalent en échange? Cette réciprocité nous manque-t-elle? et quelle autre pouvons-nous exiger?

Nous vous exposons la vérité, et vos efforts se brisent contre sa puissance; car d'elle on peut bien dire *gere à qui la touche*. Mais elle exige, dites-vous, des ménagemens dans sa mise en œuvre, si ce n'est à cause de droits positivement acquis, du moins à cause de nombreux intérêts existans.

Eh! qui le nie? l'avons-nous jamais contesté? nous le le disions avant vous, car vous nous l'avez reproché (1). Sans doute, il faut ménager les intérêts engagés, mais, en gardant ces ménagemens, il faut aussi renoncer à l'erreur

______

(1) Qu'avons-nous besoin de discuter des théories, dès que ceux qui les professent ne les trouvent, eux-mêmes, applicables qu'avec de grands ménagemens?　(*Exposé des motifs,* 21 mai 1829.)

et entrer enfin dans les voies de la vérité; d'ailleurs, les intérêts ne sont pas là où vous les croyez être; car vous marchez à l'aventure, sans pouvoir vous rendre compte de ce que vous faites, ne sachant, ni d'où vous venez, ni où vous allez; vous prétendez CRÉER *des capitaux, des salaires, des valeurs!* quand vous n'avez pas la puissance de créer un fétu; vous croyez protéger l'industrie, et votre protection, loin de l'aider, lui est nuisible; vous vous persuadez régler par des taxes, et gouverner à votre gré les profits du capitaliste, et si vos actes ont quelque influence, elle est contraire à celle que vous supposez; vous voulez favoriser le fabricant, et vous enrichissez le propriétaire foncier; vous vous trompez enfin dans toutes vos prévisions, parce que vous agissez sans règle, sans méthode, et qu'à la place d'un principe facile à établir vous-mêmes sur une infaillible expérience, vous prenez pour guide une vaine hypothèse sans garantie ni solidité.

C'est ce que j'essaierai de démontrer par l'exemple de l'industrie du fer, et de celle du sucre.

Et d'abord, à l'occasion de ces mots *industrie et intérêts de l'industrie*, je signalerai quelques abus ou incertitudes de langage, suites de confusion d'idées dont les écrits économiques, en général, et particulièrement les comptes-rendus de ces enquêtes, ne sont pas toujours exempts.

L'industrie, dans l'acception du mot la plus étendue, me semble être l'application des forces physiques et morales de l'homme à la production des choses utiles à ses besoins.

Mais si, d'une part, on considère l'industrie dans son rapport avec les intérêts du pays, ceux de l'industrie générale ne sont pas nécessairement les mêmes que ceux d'une classe spéciale d'industrie.

Ainsi, une mesure, favorable à tel genre d'industrie, peut nuire au développement de l'industrie du pays, si elle est plus nuisible en général qu'utile en spécialité.

D'un autre côté, si l'on considère l'industrie sous le rapport des intérêts des divers agens industriels, on ne trouvera pas ceux-ci réunis tous dans un intérêt commun.

Ainsi, les intérêts du capitaliste entrepreneur, jouissant de travail accumulé, sont habituellement en opposition avec ceux de l'ouvrier vivant de son travail journalier; et si le législateur favorisait les profits du capitaliste aux dépens des salaires de l'ouvrier, ou bien ceux-ci aux dépens des premiers, dans l'un et l'autre cas il se croirait protecteur du travail dans l'intérêt de l'industrie, et aurait néanmoins produit, à l'égard des divers agens de l'industrie, deux effets directement opposés.

Ce mot *industrie*, appliqué à la production générale, au produit spécial, au capitaliste, à l'ouvrier, est conséquemment d'un dangereux emploi, si le sens n'en est préalablement bien fixé.

On s'expose encore à des erreurs de semblable nature, en considérant, comme on le fait souvent, sous un point de vue général et abstrait les rapports du producteur et du consommateur, et l'on se trompe si l'on applique au général la règle des cas particuliers; car l'opposition d'intérêt entre un fabricant et son chaland disparaît, si l'on généralise et si l'on considère l'ensemble des producteurs et l'ensemble des consommateurs, dont le compte annuel se balance nécessairement, puisque tout individu consommateur, s'il n'est producteur personnel, représente un producteur direct, aux droits duquel il est placé.

Ainsi, c'est abuser d'une abstraction que de considérer la société comme effectivement divisée en deux classes d'intérêts opposés, à savoir : celle des producteurs, et celle des consommateurs; et il en résulte une confusion qui entraîne aux plus fâcheuses conséquences.

Prenons pour exemple celui d'un propriétaire qui cultive lui-même son champ, et dont le capital lui appartient.

Si à tort ou à raison, en sa qualité de propriétaire foncier, vous le considérez comme producteur, cet homme réunit en lui trois capacités confondues ainsi sous le même titre, et qui cependant sont tellement distinctes, qu'elles correspondent à des intérêts divers et souvent opposés.

Ainsi, comme propriétaire foncier, il peut profiter d'une taxe qui élève sa rente, et qui, d'autre part, lui soit préjudiciable en sa qualité d'entrepreneur exploitant son capital.

Et en cette même qualité de capitaliste, il a des intérêts opposés à ses intérêts d'ouvrier.

Il arrive donc que les intérêts du consommateur sont tantôt conformes et tantôt opposés à ceux du producteur, selon que vous considérez celui-ci sous l'un ou l'autre des rapports confondus dans une même dénomination.

Il importe donc de n'employer ce mot *producteur*, que dans un sens fixe et bien déterminé.

Il en est de même du mot *colon*. La plupart des erreurs où l'on tombe, sur le régime colonial, viennent de ce que l'on confond les intérêts divers, et même opposés, du propriétaire foncier, et ceux du capitaliste, cultivateur, ou entrepreneur de sucrerie, dans l'expression commune des intérêts du *colon*.

Enfin, à cette occasion, je demanderai justice de ces mots figurés et métaphoriques admirablement placés dans les œuvres d'imagination, mais hors de propos dans le domaine du raisonnement : les mots sont signes des idées, et les employer logiquement sans leur attribuer un sens propre, c'est prétendre résoudre un problème algébrique par des signes sans valeur déterminée. Ces mots figurés présentent un double sens : on peut passer de l'un à l'autre sans s'en apercevoir ; l'on fait ainsi fausse route, et l'on s'égare dans ses conclusions.

Les écrits politiques, et même les rapports officiels, sont remplis de ces *transplantations* ou *naturalisations d'industries* ; *tributs et industrie tributaire* ; *écroulement d'industries, inondation, envahissement, épuisement du marché* ; *invasion des produits, dépendance et affranchissement de l'étranger*, etc., etc. Toutes ces expressions allégoriques ou morales, appliquées à des sujets positifs et physiques, rentrent dans la classe de ces *termes imposteurs*, signalés par un habile publiciste moderne, lesquels, emportant idée d'éloge ou de blâme, impliquent un jugement et préjugent la question. Traduisez-les, soit en un sens littéral, soit en un terme impartial, et vous renversez la fortune d'une foule de sophismes et de préjugés. On a tant abusé de ces mots, en langage économique, qu'ils semblent depuis quelques années avoir dépouillé leur acception propre, et acquis droit par prescription : l'usage en doit être banni du langage exact et sévère qui convient au raisonnement. Quand on est dans le vrai, on éprouve le besoin de se rendre clair ; quand on se trompe, on ne se comprend pas, et l'on cache l'incertitude de sa pensée dans l'obscurité de l'expression.

DE L'ENQUÊTE SUR LES FERS.

CHAPITRE PREMIER.

La taxe sur les fers étrangers impose aux consommateurs français de lourds sacrifices, qui restreignent leur bien-être et gênent l'accumulation de leurs capitaux.

———

L'exclusion des fers étrangers, par une taxe prohibitive, est une charge imposée aux consommateurs de fer et de combustibles : tout le monde le reconnaît.

Que cette charge soit pesante, on ne le nie pas.

Si l'on parvenait à en évaluer le poids avec exactitude, on satisferait la curiosité, sans rien faire d'utile; car si le mal découle d'un principe vicieux, ce n'est pas dans l'intensité de ses effets qu'il faut chercher un argument pour le combattre.

Il nous suffit de savoir que ces résultats sont assez importans pour motiver la peine d'en examiner le principe : c'est tout ce que nous prétendons.

Or, M. le rapporteur de la Commission évalue la charge annuelle imposée par la taxe aux consommateurs de fer et de fonte à..... 30,902,000 fr. »

Admettons cette évaluation :
mais la taxe a été en outre cause
du renchérissement du bois, etc.,
il faut bien aussi tenir compte

$$\textit{Report} \quad 30,902,000 \text{ fr.»}$$

aux consommateurs du montant de ce sacrifice que nous évaluerons à . . . . 15,750,000 » (1).

La houille aussi a renchéri par l'effet de la taxe, et nous en évaluerons la charge, pour usages indépendans des usines de fer, à . . . . 2,870,000 » (2).

$$\text{Total} \quad 49,522,000 \text{ »}$$

Ainsi, de l'aveu de la Commission, il en coûte 50 millions aux consommateurs de fer et de combustibles, pour la protection destinée à celles des usines à fer qui ont besoin de cette prime annuelle pour se soutenir.

A cette réclamation des consommateurs, se joint celle de tous les producteurs non favorisés, dont l'industrie est découragée par l'encouragement donné à l'industrie de la fonte et du fer.

Voyons donc jusqu'à quel point tous ces sacrifices profitent à ce que l'on appelle l'industrie du pays.

---

(1) Déduisant des coupes annuelles, évaluées par M. de Villefosse (Mémoire de 1826) à . . . . 84,000,000 fr.

Le ¼ consommé par les usines 21,000,000

Reste pour consommation commune . . . . 63,000,000 f., sur laquelle on ne peut évaluer la part du renchérissement imputable à la taxe, à moins de 25 pour 0/0.

(2) D'après les mêmes calculs, le produit des usines de houille, en 1826, étant de fr. 15,310,687. (Villefosse, rapp' de 1827.)

CHAPITRE II.

Les sacrifices injustement imposés aux consommateurs de fer,
ont été sans avantage pour l'industrie générale du pays; et
ils ont été, non-seulement inutiles, mais nuisibles au producteur même qu'on a voulu protéger.

———

L'intérêt du consommateur est, sans doute, d'acheter le fer, comme toute chose, là où il se trouve au plus
bas prix : messieurs du système des douanes en demeurent d'accord.

Mais, abusés par de vaines théories établies sur un
principe mal compris, ils confondent le travail et la
production avec la richesse, la cause avec l'effet, le but
avec le moyen.

En conséquence, et à regret de ne pouvoir mieux
faire, ils s'efforcent d'assurer à notre travail le marché
intérieur, dont ils prétendent disposer, en faveur des producteurs nationaux, par des prohibitions ou droits protecteurs de l'industrie, aux dépens des consommateurs,
c'est-à-dire de la population entière.

Dans ce système ont été établies toutes les taxes prohibitives, et particulièrement un droit de 15 fr. (et
décime en sus) imposé en 1814 à l'entrée des fers du
Nord; nous allons juger de son mérite par ses effets.

En France, comme partout, la reproduction annuelle comporte et exige une somme de travail proportionnée au capital existant et disponible pour le payer.

La somme du travail ne peut surpasser cette somme de capital; car nul travail sans paiement.

Il n'est pas moins certain que cette masse de capital est toujours activement employée; car il n'existe pour les capitaux d'autre emploi utile que le paiement du travail.

Or, malgré l'ambitieuse prétention de M. le Ministre du Commerce, de CRÉER *pour 5o millions de salaires par an* (1), *de* CRÉER *de grandes et importantes valeurs* (2), la taxe sur le fer et la fonte n'a pas opéré la création de nouveaux capitaux; elle n'a pu qu'attirer dans ce genre d'industrie quelque capital déja activement employé à d'autres productions, telles que vins, eau-de-vie, blé, lainages, soieries, etc.; une partie de ces objets a dès-lors cessé d'être produite et exportée en échange du fer que nous recevions précédemment du dehors, et que nous avons entrepris de fabriquer chez nous. Tout ce que la production du fer a reçu d'accroissement, diverses autres industries l'ont nécessairement perdu, quoique dans une proportion moins sensible, parce que l'accroissement, dévolu à la seule industrie du fer, s'est réparti en diminution sur un certain nombre d'industries perdantes; mais l'accroissement et les pertes se sont nécessairement balancés; en sorte que si une partie du travail a changé de direction, la somme du travail et des productions n'en a pas été pour cela augmentée, et les consommateurs ont supporté le plus haut prix du fer que cette révolution leur impose, sans compensation pour la masse des producteurs, lesquels n'y ont rien gagné.

(1) Rapport, pag. 19, 31 et 32.
(2) *Id.* page 54.

En 1822, le fer étranger se présentant d'un autre côté à plus bas prix, M. de Saint-Cricq est accouru au secours de l'industrie du fer, par un autre droit de 25 fr. (et décime en sus), dont l'effet a été semblable à celui du premier.

Le droit sur la fonte fut en même temps porté de 2 fr. à 9 fr. (et décime en sus).

Cependant, le producteur de vins, plus hardi ou plus malheureux que d'autres, adresse ses doléances à M. le Ministre du Commerce, qui lui répond :

« Vous avez tort de vous plaindre, car, malgré vos
« assertions, je sais, de science administrative, que,
« si l'on vend moins de vin de Bordeaux ou de vin du
« Rhin, on vend plus de vin de Languedoc et de Pro-
« vence (1), et qu'au total, vos exportations moyennes
« ne sont pas diminuées depuis 40 ans (2). Ce taux
« doit vous suffire, car il ne me paraît pas conforme à
« la nature des choses qu'il doive dépasser le taux
« moyen de 1,100,000 hectolitres; si vous avez eu
« l'imprudence d'étendre vos cultures outre cette me-
« sure, vous en devez supporter les conséquences, et
« nous n'irons pas compromettre les intérêts de notre
« travail agricole et manufacturier, pour vous faciliter
« le débouché de quelques cent milliers d'hectolitres
« de vin (3). »

« Mais, Monseigneur, répond le vigneron, j'ai cru
« avoir droit et raison d'employer à mon industrie les
« capitaux de mes épargnes; d'autres classes de produc-

(1) Discours à la Chambre des Députés, du 16 juillet 1828, et Rapport, p. 46.

(2) Enquête, p. 133.

(3) Discours du 16 juillet 1828.

« teurs l'ont fait avec succès, et mes espérances étaient
« fondées, car aujourd'hui même, malgré les droits
« dont l'Étranger a chargé mes vins d'Alsace, en re-
« présailles de ceux dont vous avez frappé l'entrée des
« bestiaux en Languedoc (1), je trouverais encore à
« les vendre, s'il m'était permis de recevoir le fer qu'on
« m'offre en échange (2). »

La production du vin n'est prise ici que comme signe
et exemple de toute industrie non favorisée, et souf-
frant ou pouvant souffrir de la faveur accordée à la
production du fer.

Si l'on croit, avec M. le Ministre du Commerce, que
le producteur de vin ait inconsidérément étendu sa
culture, et qu'il n'eût à gagner que peu de chose à
l'abolition éventuelle de la taxe, j'y consens; il n'en
résulterait rien, sinon que ce serait le producteur de
blé, le fabricant de soie, de draps, ou tout autre qui
y serait intéressé à sa place. Toujours est-il que tout
droit protecteur opère comme prime à l'importation
des produits non protégés; que certains producteurs
souffrent conséquemment, dans leur industrie, de l'avantage accordé au producteur de fer; et que les sacrifices
supportés par eux et par les consommateurs de fer, ne
profitent en rien à l'industrie générale du pays.

Au contraire, car les industries découragées par la
taxe étaient plus profitables à la société. La preuve en
est que le capitaliste producteur les avait choisies comme
lui offrant des bénéfices, de préférence à l'industrie du
fer, qui ne lui en promettait pas.

____

(1) Discours du 16 juillet 1828.
(2) Enquête, pages 114, 115, 131, 132.

Ajoutons qu'une quantité donnée de travail est toujours moins productive, et conséquemment moins utile à la société dans une industrie protégée que dans une industrie libre; attendu que l'esprit d'invention et de perfectionnement s'éteint dans la sécurité du monopole, et que l'intelligence languit et se paralyse, si l'émulation cesse d'être excitée par une active et menaçante concurrence (1).

Ainsi, non-seulement la taxe n'est pas utile, mais elle est nuisible à l'intérêt du pays, considéré collectivement.

Examinons maintenant ce que gagne spécialement à la prohibition le capitaliste maître de forges, producteur favorisé.

Tout capital employé à la production rapporte, à celui qui le met en œuvre, un profit, prix légitime du soin qu'il prend et du risque qu'il court.

Ce profit est indépendant du prix attaché à la propriété même du capital, à titre de loyer ou intérêt; c'est du profit seul que nous avons à nous occuper.

Il existe un rapport quelconque entre le profit communément obtenu par le capitaliste producteur, et la somme du capital employé.

Ce rapport constitue le *taux* du profit.

Ce taux est réglé par des lois qui lui sont propres (2).

----

(1) « *Depuis 7 ans que le droit protége la fabrication de la fonte « française, je ne vois pas que les qualités se soient améliorées; « et dès-lors je doute qu'un tel résultat puisse être prochainement « obtenu.* » (Enquête, p. 100.)

Sur ce juste motif, le 11° votant de l'Enquête fonde la convenance d'une réduction. (Rapport, p. 65.)

(2) Il ne faut pas confondre le montant ou *quantum* du profit

Il nous suffit d'observer que le taux du profit tend à se niveler à un taux commun entre les divers genres d'industrie ou emplois du travail; en sorte que les capitaux, se portant vers ceux qui présentent de plus gros profits, les ramènent promptement au taux commun par la concurrence (1).

L'établissement d'une taxe sur le fer et la fonte n'a pas la propriété de rien changer à la loi naturelle du nivellement des profits. Elle ne peut produire que des effets accidentels et de courte durée, et la concurrence des capitaux rétablit promptement l'équilibre.

Le seul effet permanent qui en résulte, c'est qu'une certaine quantité de fer sera produite, au lieu d'une certaine quantité de vin, par exemple; mais non pas

avec le *taux* du profit; l'un est une quantité, l'autre est sa mesure.

Le *taux* du profit ne dépend pas de l'abondance ou rareté des capitaux, comme le croyait Ad. Smith.

Il est réglé directement par la puissance productive du travail et varie en sens inverse du salaire.

L'extension de la culture réduit la puissance productive du travail et élève le salaire proportionnel;

C'est pourquoi le taux du profit baisse à mesure des progrès de la société.

(1) Si certaines industries offrent des profits en apparence supérieurs au taux commun, cette inégalité n'intervient que pour corriger l'effet de quelque inégalité naturelle, en sorte que le principe, loin d'en être atteint, est au contraire confirmé par l'exception. Le cas des compagnies privilégiées et celui des corporations sont les seuls où le taux des profits pût être soutenu au-dessus du taux commun dans certains emplois du travail; tel pourrait être le commerce de la boucherie à Paris, depuis l'ordonnance rétrograde du 18 octobre dernier, sous prétexte de mesure de police.

Mais en général, ces entreprises manquent leur but; voyez la note, page 33.

que le producteur de fer obtiendra de plus gros profits que le producteur de vin.

Les profits du capitaliste producteur auront même
été déprimés par l'effet de la taxe; et le maître de
forges en aura souffert comme les autres.

En effet, la taxe, en forçant la production du fer,
a élevé le prix du bois et encouragé sa culture aux dépens des céréales, du vin et autres denrées. Les plus
mauvaises terres à blé, ou autres, ont pu être plantées
en bois avec avantage; elles n'ont pu être remplacées
que par le défrichement de terres inférieures, dont la
culture plus ingrate a élevé la valeur réelle et le prix
courant des denrées; ou bien, certaines terres propres
à la culture des céréales, des vignes, des mûriers, des
prairies artificielles, etc., sont restées en nature de
bois, parce que la prime a contrarié les effets naturels
d'un accroissement de population qui appelait ces terres
à d'autres cultures.

De façon ou d'autre, le prix des denrées, et conséquemment le taux de la main-d'œuvre, a été ainsi soutenu au-dessus de son taux naturel, et celui des profits
a été conséquemment abaissé (1) au préjudice du
fabricant de fer, comme de tous autres entrepreneurs
d'industrie.

Ainsi, le producteur favorisé ne gagne lui-même
rien à la prohibition; et lorsqu'en 1814, un droit de
16 fr. 50 c. a été établi à l'entrée des fers du Nord, les
producteurs de fer en France n'en ont recueilli aucun
avantage durable.

L'appât d'un prix soutenu et de profits élevés par

______

(1) Voyez la note, page précédente.

le droit protecteur a attiré vers la production du fer les capitaux enlevés à d'autres industries; les anciennes usines se sont accrues; de nouvelles ont été fondées (1); et, indépendamment de toute variation de prix, les profits des maîtres de forges ont été réduits au taux général par la concurrence des nouveaux capitalistes (2).

Vers 1820, la concurrence anglaise des fers à la houille s'est présentée avec des prix inférieurs aux anciens prix de production étrangère.

En 1822 (et dès la fin de 1821), un droit supplémentaire a comblé la différence et élevé le prix du nouveau fer en consommation, jusqu'à la limite fixée pour la protection de l'industrie nationale (3).

Les procédés du fer à la houille, appliqués dès-lors à la fabrication intérieure, ont attiré, comme précédemment, à cette industrie, des capitaux occupés à d'autres emplois, et alors a commencé à se manifester une double et nouvelle concurrence:

1° Entre les fers fabriqués au bois, et les fers au coke et à la houille.

2° Entre le combustible végétal et le combustible minéral, pour la production de la fonte destinée à la fabrication de l'une et l'autre espèce de fer.

(1) Enquête, p. 70.

M. de Villefosse évalue à 30 millions les capitaux ajoutés à l'industrie du fer, de 1820 à 1826. (Mém. de 1826.)

(2) Le taux des prix et celui des profits ne sont pas réglés par les mêmes lois, et ils varient quelquefois en sens inverse.

Ainsi, les profits peuvent baisser lors même que les prix s'élèvent. Voyez Enquête, p. 66.

(3) L'ardeur prohibitive des Chambres accorda même au Ministre plus qu'il ne leur demandait.

Les premières usines à la houille, profitant des prix établis, ont pu jouir des profits temporaires du monopole, sous la protection du nouveau droit tout entier; mais la concurrence des nouveaux entrepreneurs a réduit promptement leurs profits au taux commun (1).

Lorsque, par l'extension successive de la fabrication, l'offre des producteurs de fer vint à s'accroître en progression plus rapide que la demande toujours croissante des consommateurs, le fer cessa de s'élever, et bientôt après il commença à baisser (2). Le prix du bois en a éprouvé le contre-coup, et les profits en ont pu être aussi temporairement atteints : les usines le plus défavorablement situées pour leurs approvisionnements, leurs débouchés, etc., en doivent souffrir davantage; et la retraite de leurs capitaux venant à réduire la concurrence de la production, fera remonter les profits au taux commun des profits de l'industrie.

De cet enchaînement de circonstances conformes aux témoignages de l'Enquête, il résulte que la taxe qui a élevé le prix du fer pour le consommateur, n'a point élevé les profits du maître de forges, producteur favorisé; pas plus que ceux du marchand de fer, son délégué; pas plus que les profits du marchand de bois à Paris n'ont été élevés par le renchérissement du bois sur pied, autre effet de la même cause.

Le contraire est même certain; car, ainsi que je l'ai dit, la dépression du taux général des profits résulte

(1) Enquête, p. 70.

(2) Depuis 1826 et 1827.

La baisse du fer était antérieure à l'Enquête, et doit conséquemment être attribuée à une autre cause. Enquête, pages 32, 42, 75.

nécessairement de l'élévation des salaires ; et cette élévation est la suite du renchérissement des denrées, effet indirect, mais nécessaire de la taxe.

D'après cela, on peut juger combien peu est fondée cette idée dominante dans le Rapport, comme dans l'avis unanime de la Commission ; à savoir, que les profits du fabricant de fer sont réglés par le taux de la taxe, et qu'elle est entre les mains du législateur un instrument propre à régler et gouverner le taux des profits (1). Loin de là ; car elle n'y exerce aucune influence durable, si ce n'est une influence opposée à celle qu'on lui attribue (2).

(1) *La protection doit être diminuée, si elle a pour effet d'élever le prix au point de rendre la fabrication trop profitable.* (Rapport, pages 7 et 8.)

Si elle est supérieure à ce qui est nécessaire aux forges pour se maintenir, il faut diminuer leurs bénéfices, en réduisant la protection. (*Id.* page 20.)

Le tarif de 1822 *n'a-t-il pas trop élevé les prix et procuré des gains exagérés à des entrepreneurs imprudents ?* (*Id.* p. 55.)

S'ils vendent trop cher aujourd'hui, d'après leur prix de revient, il faut baisser les droits. (*Id.* p. 89.)

(2) La taxe prohibitive n'a sur les prix eux-mêmes d'autre influence que celle qui pourrait résulter de l'altération qu'elle occasionne dans la distribution générale des métaux précieux ; les prix, d'ailleurs, restent à la hauteur de leur taux naturel dans le pays, et ce taux est finalement déterminé par la quantité de travail requis pour produire, eu égard au degré de fertilité du dernier sol exploité. La taxe n'y est pour rien, non plus que la cherté du bois qui en est la conséquence ; et le prix du fer ne baisserait pas *pour le consommateur,* quand même le propriétaire de forêts, animé d'une générosité singulière, renoncerait à sa rente foncière, en livrant son bois au maître de forges, moyennant le simple remboursement de ses frais. Celui-ci seul en profiterait.

C'est ce que n'a pas reconnu M. le Rapporteur, lorsqu'il se de-

· Si l'industrie générale, et si le producteur de fer lui-même, n'ont rien gagné à la prohibition, qui donc

mande (page 13) *pourquoi la fabrication du fer était moins coûteuse avant la Révolution*, et qu'il répond : *c'est que le prix du bois était moins élevé.* Il semble supposer ainsi que le renchérissement du fer soit la conséquence du renchérissement du bois ; c'est une erreur que le Ministre commet également dans son exposé, lorsqu'il dit que *partout le prix des bois s'éleva, et le prix des fers avec lui.*

Le prix de l'un de ces produits n'exerce sur celui de l'autre aucune action de cause à effet, et le renchérissement du bois ne précède pas, il suit au contraire le renchérissement du fer ; l'un et l'autre sont deux effets contigus mais successifs d'une cause commune, à savoir l'augmentation des besoins (suite de l'accroissement de la population), lesquels besoins nous ont forcés à exploiter des terres moins fertiles en bois, moins abondantes en minerai ;

Et la taxe nous a privés des secours que le producteur de fer étranger nous offrait contre cette nécessité.

En l'honneur de la taxe, M. le Rapporteur nous fait observer (page 21) *que les coupes de bois paient le blé, le vin, les consommations, les salaires*, etc., et que par conséquent la taxe des fers, qui donne valeur au bois, protége en même temps tout cela, et contribue ainsi puissamment *à l'augmentation des capitaux, chose dont nous manquons.* Étrange formation de capitaux que celle qui résulterait du renchérissement de tous les objets de consommation, de l'élévation du prix nécessaire de la main d'œuvre, et conséquemment de l'abaissement des profits ! Comme si le consommateur ne payait pas ce que le producteur reçoit ! et comme si, à défaut de demande de la part du propriétaire de forêts, le blé, le vin, etc., n'eussent pas trouvé à s'échanger contre le fer étranger !

Faut-il d'ailleurs, ajoute M. le Rapporteur (p. 51), *sacrifier à l'Angleterre l'industrie du fer, pour ne causer à celle des vins qu'un avantage très-minime ?* La réponse est facile.

De deux choses l'une : ou l'Angleterre nous vendra du fer, ou elle ne nous en vendra pas. Dans le premier cas, le vigneron qui lien a profité? et quelle classe de consommateurs en supporte plus particulièrement le fardeau?

vrera son vin en échange, en recevra un soulagement qui ne sera pas *minime*; dans le deuxième cas, l'industrie du fer ne sera pas *sacrifiée*; et dans aucun cas possible, nous ne recevrons de l'Angleterre, ou nous ne lui donnerons, que la contre-valeur d'un échange effectif.

Élevera-t-on la question du paiement et de la balance en argent? Voyez à cet égard, ci-après, pages 56 et 93.

Mais, poursuit M. le Rapporteur, *l'industrie du vin ne risquera-t-elle pas de perdre au-dedans, plus qu'elle ne gagnerait au-dehors? car le forgeron est grand consommateur de vin.*

Je ne le nie pas; mais je pense qu'à défaut du forgeron (ce qu'à Dieu ne plaise), il n'entrera pas en France un quintal de fer, sans qu'il sorte une barrique de vin pour le payer; toutefois M. de St.-Cricq pense le contraire, et nous ne devons pas le dissimuler.

Nous continuerions peut-être, dit-il, à produire quelque temps du vin, du blé, de l'huile, des bestiaux, des tissus, des quincailleries, etc., lors même que nous admettrions les mêmes produits de l'étranger; mais ceux qu'il nous enverrait seraient à un prix *si intolérablement bas*, que nos producteurs en seraient bientôt découragés; et *j'affirme positivement* (ce sont les propres paroles du Ministre) que nous serions exposés à cette extrême infortune, de recevoir de l'étranger, et pour rien, tous les objets de nos consommations.

M. de St.-Cricq dit tout cela en d'autres mots, et en nous assurant qu'il n'exagère jamais; ni moi non plus. Son exposé du 21 mai 1829 est là pour en faire foi.

CHAPITRE III.

Qui est-ce qui recueille le bénéfice de la taxe? et quelle classe
de consommateurs en supporte spécialement la charge?

L'effet de la taxe a été de porter ou de maintenir le
fer à un prix supérieur à son prix naturel.

A la faveur de ce prix, le maître de forges s'était
flatté d'obtenir de gros profits ; mais tandis que d'une
part les capitaux du vigneron, du fabricant de soie,
etc., sont venus réduire ces profits au taux commun,
le propriétaire de forêts est venu d'un autre côté réaliser pour son compte le bénéfice de la taxe, par l'élévation du prix de son bois (1).

Ainsi, l'exclusion du fer étranger, établie en faveur
de l'industrie nationale, a laissé le producteur de fer
tout au plus désintéressé (2); et les charges imposées
aux consommateurs, pour la protection du maître de
forges, sont allées se réaliser au profit du propriétaire
foncier, savoir : pour le propriétaire de forêts, par le
renchérissement du bois ; et pour le propriétaire de
mines, par le renchérissement de la houille et du minerai.

Déduisant donc la part de ces derniers, le proprié-

(1) On se demande pourquoi les témoignages des propriétaires
de bois sont omis dans les procès-verbaux de l'Enquête; leur intérêt est de premier ordre dans la question, et ils ont été entendus;
mais leurs réponses ont été considérées, nous dit-on, comme objets
de pure conversation. (Rapport, page 24.)

(2) On verra plus loin s'il est même désintéressé.

taire de bois aura gagné à cette loterie, non seulement ce qu'a perdu le consommateur de fer, mais ce qu'ont perdu tous les consommateurs de bois, pour quelque usage que ce pût être.

Ce résultat n'est peut-être pas conforme aux prévisions des promoteurs de la taxe; mais il est mis en complète évidence à chaque page de l'Enquête.

Recherchons maintenant quelle est la classe de consommateurs qui supporte plus spécialement le poids de la taxe.

Qu'est-ce que le consommateur?

C'est le propriétaire foncier, le capitaliste et l'ouvrier.

Or, quelle est la proportion dans laquelle la plus-value du bois et de la mine se répartit entre ces trois classes de la société?

Le consommateur propriétaire ne supporte évidemment rien du renchérissement, car il est indemnisé de ce qu'il paie comme consommateur de fer et de fonte, par l'accroissement du prix du combustible et du minerai.

Le consommateur ouvrier n'en supporte rien non plus, car la plus-value de ses consommations tombe à la charge du capitaliste en accroissement de salaires et en réduction de profits.

Le consommateur capitaliste supporte donc toute la charge du renchérissement du bois, du fer, etc., 1° comme consommateur personnel; 2° comme chargé de la consommation de ses ouvriers qui paient les denrées plus cher en raison de ce que la taxe du fer pèse de 79 c. pour 100 fr. sur les produits bruts de l'agriculture (1).

(1) Enquête, page 146.

Ainsi la taxe instituée en faveur du capitaliste maître de forges, est payée par tout capitaliste consommateur de fer, de bois, houille et minerai; par conséquent, entièrement et exclusivement par cette classe industrielle, en faveur de laquelle cette taxe de 5o millions a été établie, et dans laquelle se trouve compris pour sa part contributive le maître de forges, producteur favorisé.

Et comme ce capitaliste producteur de fer est seul consommateur de minerai et principal consommateur de bois et de houille (en outre de ce qu'il est aussi un assez grand consommateur de fer), il en résulte qu'il supporte lui-même, personnellement, la presque totalité de la charge imposée à la société en sa faveur.

Dira-t-on qu'il puisse , au moyen d'une élévation de prix, se prévaloir sur le consommateur de ce qu'il paie à ses ouvriers en augmentation de salaires? Ce serait une erreur; la perte pour lui est entière et sans recours, attendu que les variations du prix du salaire n'ont aucune influence sur la valeur échangeable du produit, et n'affectent que les profits du capitaliste(1).

Tels sont , en dernière analyse, les effets incontestables de toute taxe instituée en vue de la protection du travail et de l'industrie.

De tout ceci on pourrait conclure que les propriétaires fonciers auraient gagné d'un côté ce que les consommateurs ont perdu de l'autre, et que, par conséquent, à part toute considération morale , la société serait indemne et désintéressée.

(1) Pour cette démonstration, *voyez* Ricardo (Principes d'économie politique, chap. V et VI), ou l'introduction de Mac-Culloch à son édition d'Ad. Smith.

Mais il n'en est pas ainsi, il s'en faut même de beaucoup; et nous allons le démontrer.

La taxe a produit deux effets :

1° La valeur du fer s'est élevée aux dépens du consommateur, parce que sa production a nécessité plus de travail que n'en exigeaient auparavant les produits échangeables contre le fer étranger.

2° La plus grande demande de combustible, pour produire le fer, a attiré les capitaux vers la culture du bois et l'exploitation des mines; et elle a élevé en même temps, et la valeur réelle du combustible, et la rente du propriétaire foncier.

Ainsi, par deux effets de la même cause (la taxe), d'une part, le consommateur a subi une perte, et, d'autre part, le propriétaire foncier a obtenu un bénéfice; mais ce bénéfice pour lui n'en est pas un pour la société; car la rente n'est pas une richesse nouvelle; elle n'est que l'effet d'une plus grande valeur attribuée à des produits déja existans; elle n'entre dans la composition d'aucun prix; elle n'est que le résultat d'une différence croissante entre le degré de fertilité des diverses parties du sol cultivé, par l'appel de terres moins fertiles à une culture plus étendue; elle est, si l'on veut, un signe, un indice de richesse et de prospérité, mais elle n'est ni cause ni élément de richesse (1).

Ainsi, le propriétaire de bois, de houille et de minerai, n'obtient un accroissement de rente foncière qu'au moyen d'une perte que subit la société par la diminution de la puissance productive de son travail.

(1) Tout le monde est aujourd'hui d'accord sur ce point, qui est fort justement indiqué par le 10° votant de l'Enquête. (Rapport, p. 64.)

Reste à examiner si le bénéfice de l'un compense la perte de l'autre.

Le produit des forêts et des mines se partage comme tous autres produits bruts de la terre, savoir :

En rente foncière;

Salaires;

Frais de reproduction;

Et profits de capitaux.

La taxe, écartant le produit étranger, et forçant l'emploi de terres inférieures, augmente les frais de production, la valeur, et conséquemment le prix du produit.

Le propriétaire rentier profite du renchérissement pour la part du produit qu'il perçoit à titre de rente.

Si le renchérissement n'atteignait que cette part, le bénéfice du propriétaire balancerait exactement la perte de la société.

Mais le renchérissement de cette portion du produit entraîne nécessairement celui de cette autre portion, bien plus considérable, qui fournit au remplacement du capital et aux profits du capitaliste fermier ou autre; car il ne peut y avoir deux prix pour la même denrée.

Si donc l'on estime le montant de la rente foncière, par exemple, au 5me du produit brut, il en résulte que le propriétaire recueillerait en bénéfice le 5me du sacrifice imposé par la taxe au consommateur.

Que devient le surplus du sacrifice?

1° Le capitaliste (entrepreneur ou fermier), loin d'en profiter, en souffre, ainsi que nous l'avons dit (page 21), par l'élévation forcée du salaire proportionnel.

2° L'ouvrier n'en profite pas, car son salaire est

réglé par d'autres lois (1); et, quoiqu'il reçoive un plus haut prix nominal, une plus grande part aliquote ou proportionnelle du produit, son salaire réel, son bien-être, n'en sont pas augmentés; ils seront même naturellement réduits dans le débat de l'ouvrier avec le capitaliste perdant, si le bien-être du premier est susceptible de réduction.

Le surplus de la charge est donc une perte, sans compensation aucune, pour le consommateur et la société entière. Cette perte correspond au surplus du travail occasionné par la taxe, laquelle nécessite la culture et l'exploitation de terres et de mines inférieures, afin d'obtenir ce qui, sans elle, eût été obtenu par un moindre travail appliqué aux produits destinés à des échanges contre le fer étranger.

Ainsi, il demeure constant:

Que le propriétaire de forêts et de mines profite seul du bénéfice de la taxe;

Que la plus grande partie de la charge, imposée par elle aux consommateurs, est supportée par le capitaliste entrepreneur d'industrie, qu'elle avait pour objet de favoriser;

Qu'enfin le propriétaire foncier ne recueille qu'une faible partie du sacrifice supporté par la société, et que le reste tombe à la charge de tous, sans compensation pour personne.

(1) *Accidentellement*, par le rapport de l'offre à la demande de travail.

Constamment, par la valeur réelle des choses nécessaires à la vie.

CHAPITRE IV

État de la question.

L'amour de soi est une loi de notre nature, et les exertions de l'intérêt privé, loin d'être un mal, sont le moyen même par lequel s'accomplit le bien-être collectif. Il n'y a donc pas à se révolter contre son action ; mais le législateur doit en prévenir et non en favoriser l'excès.

Ainsi, nous repoussons le privilége d'autrui, et nous l'admettons volontiers pour nous-mêmes ;

Chacun se récrie contre les prohibitions, et chacun en désire une pour son compte ;

Tout cela est dans l'ordre ; mais la nature elle-même réprime au besoin l'abus de ses lois ; et si une législation imprudente, cédant aux instances de l'intérêt privé, lui accorde, sous forme de prohibition, un privilége quelconque, fût-il petit, temporaire, limité, peu à peu la sécurité qui l'accompagne, l'imprévoyance et le désordre qui le suivent, quelquefois la nécessité même (1),

---

(1) Même sans désordre, la nature des choses soumet, par exemple, une compagnie privilégiée à des désavantages qui lui sont propres, et analogues à ceux d'un gouvernement qui fabrique ou exerce le commerce pour son compte.

Croit-on qu'une fabrique de poudre ou de tabac, exploitée au

donnent ouverture à une concurrence inattendue (1)
qui vient enlever à la prohibition le profit du privilége; toutefois, le vice de son principe survit à sa
propre existence, et lors même que le producteur privilégié ne recueille plus aucun avantage de la prohibition, il ne peut désormais vivre sans elle, et tombe
si on l'en prive (2).

Or, personne ne consent à mourir; et le producteur privilégié lui-même trouve son existence menacée; le producteur non favorisé souffre, et s'en prend
au privilége; enfin, le consommateur réclame, et le
consommateur, c'est la population. Si la loi du sacrifice d'un seul au salut de tous est injuste et cruelle,
combien est plus révoltant encore le sacrifice de tous
au salut d'un seul! Tel est cependant le principe du
privilége; c'est celui de la prohibition.

M. le Ministre du Commerce, importuné de tous
ces cris, appelle à son aide une commission composée

nom du roi de France, lui donne des profits au taux courant dans
le pays?

La taxe territoriale et les autres tributs levés sur une population
de 100 millions d'habitans, ne suffisent pas à couvrir les pertes
du commerce de la Compagnie anglaise des Indes orientales; il lui
a fallu recourir à des emprunts pour donner un dividende à ses
actionnaires.

(1) Telle, par exemple, que la culture de la betterave, en opposition au privilége colonial. (Voy. page 67).

(2) Demandez au producteur privilégié si son industrie lui est
plus profitable que ne l'est à son voisin l'industrie libre qu'il exerce,
il vous dira que non, et c'est la vérité; mais sans le privilége, il
serait ruiné.

On se rappelle cette belle pensée de Vauvenargues : «La servi-
« tude corrompt l'homme à tel point qu'elle lui devient nécessaire.»

en majorité de personnes préoccupées de ce même esprit d'hypothèse, qui a produit les embarras auxquels on lui demande un remède.

La production, disent-ils, est la richesse même.

Plus on travaille, plus on produit.

Donc ce qui assure le travail enrichit.

De là l'utilité des prohibitions qui repoussent le travail étranger (1).

Le résumé des séances de la Commission ne contient pas une page où ne se trouve quelque trace de ce raisonnement, dont la première proposition et la conclusion sont dénuées de vérité.

Non : la production n'est point la richesse, celle-ci est le but; la production n'est que le moyen. Pas de richesse sans accumulation, et pas d'accumulation sans épargne.

Or, en repoussant des produits à bas prix pour produire chèrement, vous travaillez autrement, mais vous ne travaillez pas plus, et vous épargnez moins.

Donc les prohibitions ne vous enrichissent pas.

Il est à peine croyable que, parmi tant de personnes distinguées par des talents éminens et des lumières diverses, aucune ne se soit complètement affranchie

____

(1) *Encourageons par des prohibitions toutes les exportations de notre sol, l'industrie, le travail enfin, fécond élément du commerce, principal moyen de vie, inépuisable agent de prospérité,* etc. (Exposé de M. de Saint-Cricq, du 19 janvier 1822); c'est-à-dire, encourageons les exportations de nos produits par l'exclusion de ceux qu'on nous offre en échange !

Ce mot de *protection du travail* résonne si bien aux oreilles, que, pour oser démasquer l'idée et lui arracher sa fourbe enveloppe, il faut presque braver le reproche d'hérésie et d'inhumanité.

3.

de ce préjugé reproduit, sous une forme ou sous une autre, dans tous les résumés de votes et d'opinions. Il est vraisemblable cependant que *l'unanimité* de la Commission n'a porté que sur la nécessité de ménager les intérêts compromis dans une transition, et non sur la convenance de persister dans un système, fût-il désastreux, par la seule raison qu'on y est engagé; il est regrettable que M. le rapporteur n'ait pas fait cette distinction (1).

Changer de système, dit-on, est une trop grande affaire; le maître de forges qui a engagé ses capitaux dans une usine, sur la foi d'un tarif, n'a-t-il pas droit à une protection qui lui assure un marché, c'est-à-dire la rentrée de ses avances avec un produit suffisant?

Il en résulterait que tant que les capitaux continueraient à être attirés par des prohibitions dans une industrie protégée, la concurrence intérieure serait seule admise à en faire justice, et que les consommateurs n'auraient jamais d'autre soulagement à espérer. A ce compte, un tarif de douanes ne pourrait jamais être modifié qu'en aggravation, car, en quelque temps qu'on s'y prenne, il y aura toujours dans cette industrie protégée quelques derniers venus qui souffriraient d'une réduction. Il faut pourtant convenir que l'état n'a jamais pris de tels engagemens envers les entrepreneurs d'usines.

Changer de système général est, en effet, une grande affaire, et c'est une raison pour y bien regarder; il n'y faut pas épargner sa peine; mais si le sys-

____

(1) Voy. Rapport, p. 7, 8 et 54.

tème est faux et reconnu tel, n'est-ce pas une bien plus grande affaire encore de se décider à y persister? Quand celui qui marche vers un but s'aperçoit qu'il lui tourne le dos, le parti le plus violent pour lui n'est certes pas celui de changer de direction. Or, cette théorie de la protection du travail est fausse de tout point, et un capitaliste entrepreneur d'industrie n'a de protection légitime à attendre que de la justesse de ses vues et de la sagesse de ses opérations; toute autre protection n'est qu'une atteinte, bien ou mal déguisée, à l'ordre, à la justice, aux droits d'autrui, et aux véritables intérêts de la société.

Telle a été cependant, jusqu'à ce jour, la marche de l'administration; elle s'est fait rendre compte du prix auquel le capitaliste entrepreneur pouvait et devait produire, en y comprenant ses profits dits *raisonnables*; comme si les prix de revient et les profits étaient de nature à être tarifés par autorité administrative. Partant de ce point, tous droits prohibitifs requis ont été établis pour assurer au producteur sa tranquillité contre la concurrence étrangère; et quant au consommateur, il a été décidé qu'il devrait se tenir pour satisfait, tant que le prix n'excéderait pas le taux fixé et reconnu suffisant.

Ce genre de concordat entre le producteur et le consommateur, dûment homologué par la législature, a été considéré jusqu'à ce jour comme le chef-d'œuvre de l'habileté administrative en fait d'économie commerciale.

D'autres personnes, sans nier la vérité des principes, regrettent que ces réclamations importunes soient venues troubler l'ordre établi; elles pensent d'ailleurs que les cultivateurs et armateurs réclamans n'obtiendraient pas, de la réduction demandée, les avantages qu'ils en espèrent.

Cette opinion n'a pas été suffisamment combattue par les réponses des parties réclamantes à quelques-unes des interrogations qui leur ont été adressées.

Lorsque, par exemple, M. le Ministre du Commerce a fait à M. le délégué de Nantes la question suivante : « Croyez-vous qu'une plus grande importation « de fer du Nord, résultant de moindres droits, nous « procurerait une vente plus considérable des produits « de notre sol et de notre industrie ? »

M. le délégué de Nantes, et celui de Bordeaux après lui (1), ont répondu qu'une réduction du droit d'entrée sur le fer leur serait favorable, en ce sens qu'elle pourrait provoquer, de la part de l'étranger, une réduction correspondante de la taxe imposée à l'introduction de nos produits ; comme si l'avantage de la réduction réclamée devait dépendre seulement de la réciprocité (2) ; or, cette réduction, qui serait actuellement, et par elle-même, un bienfait pour le consommateur, en serait un également pour un grand nombre de producteurs ; car le fer, qui serait importé par suite de la réduction, n'entrerait pas en France sans qu'un produit national, d'une valeur égale, en sortît pour acquitter sa valeur.

Cette réponse de MM. les délégués pouvait donner lieu de croire que la réduction du tarif, à l'entrée du fer et de la fonte, n'assurerait pas aux réclamans la réalisation des espérances qu'ils y attachaient, et on

____

(1) Enquête, pages 48 et 115.
(2) Voyez Introduction, p. 7.

a pu s'en prévaloir pour détourner la question, et chercher dans des modifications de droits d'octroi, de circulation, etc. (1), les moyens d'étouffer une réclamation d'ordre général, par la satisfaction d'un intérêt spécial.

Il me semble que la réponse eût été à la fois plus juste et plus décisive, si elle eût été conçue ainsi, après s'être assuré que la question était faite sérieusement : « Nous pensons que si le fer est admis, il est « indubitable qu'une valeur égale en produits de notre « sol ou de nos fabriques sera exportée pour le payer ;

(1) Je ne prétends pas dire que la question des octrois, etc., ne doive pas être examinée ; mais j'observe qu'elle est non-seulement une autre question, mais une question d'une autre nature, et que l'une ne doit pas être résolue par les principes de l'autre.

Les droits d'entrée et d'octroi, sur les boissons, sont une taxe sur le consommateur au profit du fisc ; c'est un impôt indirect qui pèse d'un poids énorme sur le vigneron, en sa qualité de propriétaire d'un capital fixé sur sa terre et dont il ne peut pas changer facilement l'emploi.

La taxe à l'entrée du fer n'est pas un impôt ; elle n'a, du moins sous ce rapport, aucune importance ; c'est une taxe de politique intérieure au profit du propriétaire foncier.

Considérée comme obstacle au libre emploi des capitaux et au développement de l'industrie, on jugera de sa portée par le rapprochement suivant, que nous trouvons dans l'histoire d'un peuple voisin.

Sous le régime prohibitif de l'exportation de la matière brute, l'exportation des lainages d'Angleterre a été :

En 1785 d'une valeur de . . . . . 100,000,000 fr.

Et en 1824. 150,000,000

Sous le régime libre de la matière première, l'exportation des cotonnades anglaises a été

En 1785 d'une valeur de. . . . . . 21,000,000 fr.

Et en 1824. 683,000,000

(Discours de M. Huskisson ; 8 mars 1824.)

« dans ce cas, nous aurons chance pour que nos vins
« soient au nombre de ces produits, et si, par une ré-
« ciprocité vraisemblable, l'étranger supprime ou ré-
« duit sa taxe à l'entrée de nos vins, cette chance se
« convertira pour nous en une presque certitude. »

Les faits constatés par l'Enquête, quoique incom-
plets, sont néanmoins précieux à recueillir, car leur
témoignage confirme tous les principes reconnus.

Mais, en recherchant les causes constantes de ces
faits, il en faut écarter les causes accidentelles et variables, quelle que soit leur importance à d'autres
égards; autrement, on raisonne dans le vague, sans
moyen de classer ses idées en un ordre régulier.

Je ne nie pas que telle circonstance accidentelle et
rare puisse se présenter où l'intérêt même des principes exige une dérogation temporaire à leur application, non pour forcer l'ordre naturel des choses,
comme l'essaie l'administration des Douanes depuis
longues années dans un système hypothétique, mais
au contraire, pour aider la nature à rentrer dans ses
voies, sans secousse, lorsqu'elle en a été détournée par
quelque grand accident, ainsi que l'on présente un
plan incliné à un corps grave pour le faire obéir à la
loi de la pesanteur et arriver à sa place naturelle par
une descente douce au lieu d'une chute violente.

Mais si, au lieu de considérer ces circonstances ex-
ceptionnelles comme des accidens; si, au lieu de les
laisser à l'écart, pour y avoir égard en temps et lieu, on
les prend pour point de départ dans la discussion des
principes, on s'engage dans une route nécessairement
fausse, comme ces praticiens par excellence, qui,
placés sur le terrain de l'exception, arrangent tout un

système de législation commerciale sur le cas de guerre, le cas de disette, le cas de maladie, etc., combattent ce qu'ils appellent les théories, négligent le corps de la question, et s'imaginent posséder le tronc et les branches de l'arbre, parce qu'ils ont saisi le gui attaché à l'un de ses rameaux.

Ainsi, je ne discuterai pas la question, inutile aujourd'hui, de savoir si, dans le passage subit de l'état de guerre à l'état de paix, en 1814, il a pu convenir de protéger, par quelque mesure exceptionnelle d'une durée et d'une étendue limitées, le déplacement de capitaux engagés à la production du fer, et appelés peut-être à d'autres emplois par la force des circonstances.

Mais, considérant que les embarras actuels sont l'effet d'une suite de violences portées à l'ordre naturel; qu'une législation malavisée a engagé ou retenu les capitalistes dans des entreprises auxquelles ils ne se seraient pas autrement livrés, du moins avec la même confiance (1), et qu'enfin les capitaux engagés se trouveraient sérieusement compromis par un retour subit à un ordre meilleur, je n'hésite pas à penser que la circonstance actuelle est un de ces cas d'exception rares, où, dans l'intérêt de la société, il est juste et légitime de déroger temporairement à l'application des principes généraux. La question, réduite à ces termes, consiste donc à examiner les voies à choisir pour arriver à une réforme salutaire au prix des moindres inconvéniens.

(1) Voyez l'opinion juste et sage du 6ᵉ votant (Rapport, page 60).

CHAPITRE V.

De la réforme du tarif, du mode de la réduction, et de ses effets vraisemblables.

On peut procéder de diverses manières à la réduction d'un tarif, dans la vue de ménager les intérêts existans, et de protéger la retraite des capitaux mal engagés.

Ainsi l'on peut fixer actuellement le taux de la réduction et en déterminer la durée, sauf à statuer sur une réduction ultérieure à l'époque de son expiration;

Ou bien, on peut soumettre le tarif à une réduction graduée d'une année à l'autre, jusqu'à un terme fixé.

Le choix de l'un ou l'autre de ces deux modes me semble devoir dépendre de la nature du sujet et de ses circonstances.

Il existe une différence quelconque entre le prix moyen de la production intérieure, et le prix du produit étranger rendu sur le marché; cette différence détermine le taux du droit effectivement protecteur.

Ce prix moyen est facile à reconnaître, lorsqu'il s'agit de produits manufacturés dans la valeur desquels le prix de la main-d'œuvre surpasse celui de la matière, et dont le transport s'exécute à des frais modérés; ainsi, la valeur d'une aune de toile ou de drap ne varie que dans des termes peu sensibles sur les divers lieux de la consommation, et sa valeur moyenne peut être aisément appréciée.

Mais il n'en est pas de même des denrées et produits bruts de grand poids et encombrement ; leur prix est très-divers d'une localité à l'autre, en sorte que, par exemple, il serait difficile de fixer un chiffre de tarif qui exprimât la différence entre le prix moyen du fer indigène sur les divers points de la consommation intérieure et le prix du fer étranger provenant du point le plus favorable de son exportation.

Ainsi, pour les produits manufacturés qui sont offerts en tous lieux à un prix à peu près identique, le système de réduction graduée n'est pas admissible, car la ligne est tranchée, le chiffre du tarif est absolu, et, selon le degré de son élévation, la consommation du pays est dévolue tout entière, soit à la fabrique intérieure, soit à l'industrie étrangère.

Il n'y aurait donc de réglement possible entre la part de l'une et de l'autre, que par la fixation des quantités à admettre chaque année en consommation (1).

Mais pour les produits bruts, tels que la fonte et le fer, dont les prix intérieurs n'offrent pas d'identité possible, le chiffre du tarif ne les protégerait tous que dans le cas où il serait au moins égal à ce qui est nécessaire pour protéger en France l'usine la plus défavorablement située ; en sorte que l'abaissement graduel du tarif n'aurait d'action que successivement sur les usines inférieures : il est donc facile d'obtenir ainsi une transition du régime prohibitif au régime libre,

(1) Voyez dans la Revue française de mars 1828, un article sur les réformes commerciales de l'Angleterre, où cette question est habilement traitée.

sans secousse violente, pour tout un genre d'industrie; les capitaux placés dans l'espèce la moins favorable se raient successivement évincés et forcés de chercher leur emploi naturel dans une autre espèce, puis éventuellement, enfin, dans un autre genre d'industrie.

Une réduction graduelle paraît donc, sous ce rapport, spécialement applicable au tarif des fers et des fontes.

Une autre considération d'ordre général vient à l'appui du même système de réduction, et demande à être expliquée.

Peu importe que dans un pays, les métaux précieux soient abondans ou rares, et leur valeur petite ou grande; ou, en d'autres termes, que la valeur des produits et marchandises y soit grande ou petite; peu importe, dis-je, pourvu que cet état soit naturel et constant.

Si cet état est naturel, quel qu'il soit, il est conforme aux besoins et aux intérêts de la société, et à cet effet la liberté lui est nécessaire.

Si cet état est constant, quel qu'il soit, les intérêts privés s'y accommodent, s'en arrangent, et il est équitable.

Mais ces quantités relatives et ces valeurs de la monnaie et des marchandises ne sauraient être changées violemment sans porter le trouble dans les intérêts privés, et dans les relations mutuelles des débiteurs et des créanciers.

Or, un système de taxation, qui élève la valeur des produits par des taxes d'importation ou par des taxes intérieures, est une des causes de ces perturbations;

la valeur des métaux précieux en est déprimée, et le créancier est lésé.

L'abolition ou réduction subite de ces taxes produit un effet analogue en sens contraire, et porte dommage au débiteur.

Il y a donc un motif général d'équité à préférer une réduction graduelle, dont l'effet perd de sa violence en se répartissant sur un temps plus long.

Si, à mesure de sa réduction, la taxe d'entrée laisse ouverture au fer étranger sur quelques points de notre consommation, elle perdra par cela même quelque chose de son caractère malfaisant en cessant de gêner la distribution naturelle des capitaux ; en même temps elle rentrera dans la classe ordinaire des impôts, et procurera au fisc un accroissement de revenu (1).

Le système de réduction graduelle semble donc approprié à la taxe des fers et des fontes ; mais il doit être accompagné d'une réduction actuelle quelconque ; d'abord à titre de première satisfaction due aux consommateurs et aux producteurs réclamans ; et ensuite comme avertissement effectif à tous capitalistes engagés ou qui songeraient à s'engager dans d'autres industries protégées ; cette réduction devrait être actuellement exécutoire et non ajournée à une époque future quelconque, parce que son application immédiate peut seule produire cet effet moral qui forcera à la résignation les nombreux et puissans intérêts opposés.

Si l'on prétendait s'autoriser de l'exemple contraire de M. Huskisson, qui consentit, en 1824, à un terme

______

(1) Cet accroissement serait convenablement appliqué à un dégrèvement de droits de circulation et de détail sur les boissons.

de deux années pour l'admission des soieries en Angleterre, je répondrais d'abord qu'il ne céda que contre
son gré à cette exigence des intérêts privés et des
préjugés ; et que d'ailleurs cette concession eut tous les
pernicieux effets qu'il en avait redoutés : que, dans l'intervalle, des efforts inouïs ont été faits pour obtenir
du Parlement le retrait de cette mesure discutée de
nouveau et compromise jusqu'au dernier moment, en
1826 (1), et que cette incertitude a été une cause principale de la détresse du commerce des soieries à cette
époque.

Si le délai a présenté ces graves inconvéniens là où
les principes de la mesure sont ceux de tous les hommes d'état du pays, comment croira-t-on qu'ils ne se
reproduiraient pas ici où ces mêmes principes sont encore l'objet de si regrettables controverses, et où conséquemment les parties intéressées conserveraient un
bien plus grand espoir de retour ou d'ajournement ?

Il est hors de doute que, dès aujourd'hui, la plus
grande partie de nos établissemens puisse supporter
une réduction de droits.

Le prix du fer anglais, évalué à 49 francs (2) ou
49 fr. 20 c. (3) dans nos ports (droits acquittés), n'est
pas le prix d'une qualité de fer comparable à celle de
nos bons fers provenans de fontes au bois, lesquels
valent, prix moyen, de 44 à 46 fr.

_____

(1) Les fabricans de soieries, réunis à Londres, en 1826,
déclaraient que 60 p. %, ne seraient pas suffisans pour les protéger
contre le fabricant français. On a tenu compte de leurs avis, et leur
fabrication, doublée en 1827, s'est encore accrue en 1828.

(2) Enquête, p. 165.

(3) *Id.*, p. 193.

Cette qualité inférieure de fer anglais se vend à Cardiff, et à bord, £ 6.10ˢ la tonne, et correspond, pour la qualité, tout au plus à ceux de nos fers qui se vendent de 38 à 40 fr.

Le fer anglais corroyé comme nos bons fers, et égal en qualité, ne coûterait pas à Cardiff moins de £ 7.10ˢ (1), et reviendrait au prix suivant, savoir :

£ 7.10ˢ à 25 fr. 50 c., à 3 mois.. fr.	191 05ᶜ
Fret et assurances.............	35 »
Commission et frais.	10 »
Total pour 100 kilo......	23 60
Le droit de 27 fr. 50 c. réduit, par exemple, de 20 p. o/o, c'est-à-dire à	22 »
en porterait donc le prix en consommation dans nos ports, à.......	45 60 (2)

Ainsi, dans nos ports mêmes, le fer français soutiendrait la concurrence du fer anglais d'égale qualité, même après une réduction de 20 p. % sur les droits.

Mais déja nous pouvons livrer le fer au coke et à la houille à des prix fort inférieurs.

Divers producteurs l'ont formellement déclaré (3); l'un d'eux a même affirmé pouvoir produire le fer à 28 fr., intérêts compris, pour être conséquemment livré avec 10 p. % de profits, à 30 fr. 80 c.

(1) Ce même fer était évalué, il y a 6 mois, à £ 8.

(2) Le fer de £ 6.10ˢ la tonne reviendrait, aux mêmes conditions, à 43 f., en concurrence avec celui que nous livrons à 38 et 40 fr.

(3) Enquête, pages 27, 97, 159.

Et cependant, au rapport de M. l'inspecteur divisionnaire des mines (1), ces divers établissemens ne sont pas au nombre de ceux qu'il regarde comme le plus favorablement situés; ils ne sont, à son avis, qu'au 2ᵉ et 3ᵉ rang dans l'ordre des avantages naturels; d'autres usines en meilleure position pourront donc faire encore mieux.

Calculant les frais du transport sur le pied le plus dispendieux, celui du roulage à 1 fr. par 100 kilo. pour 10 lieues, ce fer pourra donc entrer en concurrence avec les fers anglais, même dans nos ports, et avec avantage; car il peut supporter un transport de 150 lieues, et aucun établissement ne se trouve à cette distance du littoral.

Que sera-ce donc en employant les voies plus lentes, imparfaites, mais ordinaires, de communication par eau, dont les frais sont incomparablement moins élevés (2)?

Quant à la fonte, nous n'avons rien dit du fer qui ne lui soit applicable à *priori*.

La première condition, pour fabriquer le fer à bon compte, est d'obtenir la fonte brute à bon marché, et le producteur national intérieur jouit toujours d'une prime naturelle et légitime sur le producteur étranger, particulièrement en ce cas où le poids et les frais de transport sont considérables, relativement à la valeur de la matière.

Le producteur de fonte ou fabricant de fer à la

(1) Enquête, page 188.

(2) Le fer de Saint-Étienne parvient à Nantes, moyennant 5 ou 6 fr. de frais. (Rapport, p. 66.)

frontière ou sur le littoral, est placé dans des circonstances particulières à sa position; l'éloignement des
marchés intérieurs et la proximité des marchés étrangers donnent à cette position des avantages et des inconvéniens d'une nature spéciale, et la société ne pourrait que perdre à vouloir contrarier les uns ou remédier
aux autres.

Une réduction proportionnelle à celle que nous
avons supposée pour les fers, pourrait être facilement admise sur la taxe d'entrée de la fonte; car, supposant le prix moyen de la fonte brute anglaise seule-
ment . . . . 100 fr. (1)
Fret, assurance et frais, environ 44
Droits de 9 90, réduits de 20 p. o/o 79
____
Elle reviendrait encore dans nos ports à   223 fr.

Or, 200 fr. est le plus haut prix auquel la fonte
française soit vendue dans les usines (2), et elle y peut
être produite pour 113 fr. 60 c. (3).

Contre une perspective si rassurante pour notre industrie, on a présenté divers motifs de crainte ou
d'inquiétude; on a dit, par exemple, que, si l'Angleterre n'était découragée de tout espoir de concurrence
par des droits élevés, elle baisserait ses prix à mesure
de nos progrès, et ruinerait nos établissemens (4).

____

(1) Prix en 1825, 126 fr. 50 c. (Villefosse, Mémoire de 1826,
page 8); *id.* en 1826, 127 fr. 50 c. (Notice de Jouffroy, 1826).

(2) Enquête, page 7 et 78.

(3) Enquête, pages 19 et 22.

(4) Dans aucun temps le fer anglais n'a été à si bas prix qu'aujourd'hui.

M. le Rapporteur de l'enquête des fers s'effraie à tort de la « *science particulière aux Anglais de manier des capitaux avec souplesse, les liquider, puis recommencer et se refaire, après des sacrifices énormes.* »

Les Anglais n'ont aucun secret particulier pour faire quelque chose de rien. Je ne pense pas, avec lui, que ce qu'ils vendent aujourd'hui à grande peine 175 fr., ils fussent prêts à le livrer pour 150(1), si nous en admettions l'introduction : tout cela n'est effrayant que faute d'examen. En effet, il faudrait supposer, ou que les profits du producteur de fer étranger fussent actuellement supérieurs au taux commun des profits dans son pays, ou bien qu'il consentît à les réduire au-dessous. Or, la loi du nivellement des profits rend l'une et l'autre supposition inadmissible. Les Anglais ne peuvent baisser le prix courant du fer, comme celui de tout autre produit, qu'en parvenant à l'obtenir avec moins de travail, et à baisser ainsi sa valeur réelle, soit par une plus grande division du travail, soit par le perfectionnement des procédés, des machines, des communications, etc. C'est à nous à ne pas rester en arrière de leur génie industriel ; la libre concurrence et la nécessité sont les meilleurs stimulans pour nous y encourager.

Si l'Angleterre ne remplit pas cette condition, il lui est impossible de baisser ses prix ; toute coalition y serait impuissante et ruineuse pour qui en ferait les frais. Ces sortes de spéculations, praticables quelquefois entre deux établissemens rivaux d'une même localité, ne

______

(1) Rapport, p. 89.

sont pas possibles d'un peuple à un autre; c'est une partie qu'on ne peut jouer que sur une petite table, avec de petits enjeux, et pendant très-peu de temps.

D'autres ont manifesté les mêmes craintes, en considération de l'avantage dont jouisssent certains producteurs anglais, qui se trouvent propriétaires de vastes établissemens fondés par d'autres à grands frais, et acquis par eux à bas prix.

Il importe de détruire ces préventions, et de prouver que nos producteurs de fer n'ont à concevoir aucune inquiétude à ce sujet.

Les Anglais nous ont devancés dans la carrière des prohibitions (1), et si leurs progrès n'en ont pas été arrêtés, ils en ont été retardés (2); leur gouvernement, excité par les préjugés populaires, a aussi payé par de grands sacrifices les signes extérieurs d'une richesse anticipée, et a englouti des trésors dans l'établissement de manufactures prématurées, luxe ruineux des nations.

Les résultats ont été les effets ordinaires du monopole.

(1) *C'est à nous surtout, qui avons induit les autres en de grandes erreurs, qu'il convient de donner l'exemple et de prendre une marche opposée à celle que nous avons si long-temps et si aveuglément suivie.* (Discours de M. Robinson, président du bureau du commerce, au Parlement; 1er avril 1822.)

L'administration actuelle persiste dans ces voies salutaires; on en peut juger par les récentes déclarations du président du bureau du commerce, M. V. Fitzgerald, et les nouvelles réductions annoncées sur l'introduction des soieries étrangères. (Discours du 13. avril 1829.)

(2) Malgré l'avis de l'opinant n° 3, qui pense que l'Angleterre a prospéré par l'effet de 40 années de prohibitions (Rapport, p. 58).

Les capitaux ont déserté les emplois les plus profitables, pour se porter vers les industries privilégiées; et l'avantage qu'ils y ont trouvé a été de courte durée.

Chez les consommateurs, la gêne et la diminution de la puissance de l'épargne ont entravé la formation de nouveaux capitaux.

Chez les producteurs, la sécurité a paralysé l'esprit d'invention et de perfectionnement.

Les concurrences extérieures ont parfois surmonté des protections devenues insuffisantes.

De nouvelles taxes prohibitives ont été réclamées et n'ont pas toujours été accordées.

Alors qu'est-il arrivé? c'est qu'en Angleterre, comme chez nous, des établissemens ruinés ont été vendus à bas prix; une portion du capital a péri dans les mains du producteur déchu, et l'acquéreur s'est alors trouvé dans une position industrielle renouvelée et supérieure à celle de son devancier. Cette position est, dit-on, celle de la plupart des maîtres de forges en Angleterre. Est-elle menaçante pour nous? C'est ce qu'il faut examiner.

Je suppose qu'un maître de forges du pays de Galles ait acheté un établissement tombé, moyennant 50 ou 25 p. o/o du prix de sa fondation; l'acquéreur jouira-t-il pour cela, dans le taux de ses profits, d'une latitude qui lui permette de baisser le prix de son fer, soit dès l'abord, soit à mesure des poursuites de la concurrence nationale ou étrangère?

Je pense que non. Si l'acquéreur a payé l'établissement à un prix moindre que celui de sa fondation, la différence se retrouve tout entière soit dans la différence de la valeur réelle aux deux époques, soit dans, l'emploi peu judicieux du premier capital, l'inexpérience des premiers exploitans, les essais sans résultats, les frais inutiles, les intérêts, etc., et cette différence représente à mes yeux un capital totalement anéanti.

Mais l'acquéreur n'en a pas moins acheté l'établissement au prix pour lequel un établissement nouveau, moins coûteux et plus judicieusement conçu, serait actuellement fondé, c'est-à-dire à un prix tel que ses profits d'exploitation ne puissent s'élever au-dessus du profit de son capital, au taux commun et courant dans le pays; et c'est à ce prix que l'établissement a dû être porté par la concurrence des compétiteurs cherchant l'emploi de leurs capitaux. La supposition contraire ne peut être admise; ce serait un cas d'exception, une bonne affaire, un accroissement fortuit de capital pour l'acquéreur, et non pas une augmentation dans le taux de ses profits, lequel reste au taux commun, sous peine d'y être réduit par la concurrence.

Si donc, dans des temps calamiteux, telle usine ruinée a été vendue à vil prix, ce prix était vil comparativement à la valeur réelle de l'usine dans le principe, c'est-à-dire comparativement à ce qu'il en avait coûté de capitaux et de travail pour la fonder et la mettre en œuvre, mais non pas relativement à sa valeur courante, c'est-à-dire à la valeur réelle d'un nouvel établissement d'égale utilité, et offrant au capitaliste entrepreneur un emploi de fonds au taux commun des profits à l'époque de son acquisition.

Le capitaliste nouvel acquéreur n'a donc d'avantage que sur son devancier ruiné; il n'en a aucun sur ses

compétiteurs actuels soit nationaux, soit étrangers (1).
Et nous n'avons besoin d'aucune protection extraor-
dinaire contre le danger de semblables concurrences.

Le tarif, réduit comme ci-dessus, suffirait encore
largement à nos chefs d'établissemens convenablement
situés et exploitans par les procédés d'une industrie éclairée (2) ; les autres n'y perdraient rien, car
les forges à bois ne peuvent, dans aucun cas, soutenir
la concurrence intérieure de la fabrication à la houille.
Les hauts fourneaux le plus favorablement situés

(1) Je sais que tel maître de forges anglais, supputant tout ce que
lui coûtent ses établissemens depuis leur origine, n'obtient peut-être
pas 1/2 p. %, de ses capitaux, et supporte cependant cette situa-
tion ; comment pourrions-nous, dira-t-on, soutenir, sans une forte
protection, la concurrence de gens qui se contentent de si modi-
ques profits ? A cela je réponds que ce maître de forges se fait illu-
sion ; son profit n'est pas 1/2, mais 5 p. %, ; mais aussi son capital
n'est que la 10e partie de ce qu'il l'estime ; les autres 9/10es n'exis-
tent plus. Qu'il essaie de se liquider, et il en sera convaincu.

(1) Si quelque chose pouvait rassurer nos maîtres de forges, ce
devrait être la terreur qu'ils inspirent eux-mêmes à leurs concur-
rens ; M. Huskisson proposant, en 1825, de réduire de 6 liv. 10 s. st.
à 1 liv. 10 s. st., le droit d'introduction sur les fers étrangers, disait
au Parlement :

« *Tous les maîtres de forges que j'ai consultés sur cette mesure*
« *m'ont représenté que la liberté du commerce était excellente*
« *dans toutes les autres branches d'industrie ; mais que, pour le*
« *commerce du fer, un droit protecteur très-élevé et l'assurance du*
« *monopole étaient indispensables à sa prospérité.* » (Discours du
25 mars 1825).

On voit qu'en tous pays les maîtres de forges tiennent le même
langage ; seulement les ministres du commerce en tirent des conclusions diverses.

continueraient à produire de la fonte au moyen de la
baisse des bois, inévitable tant que subsistera cette
législation barbare qui interdit aux propriétaires
le défrichement de leurs bois (1). Dès qu'il sera permis à chacun de disposer de sa propriété, les bois re-
prendront leur valeur, et le prix en restera fixé à son
taux naturel. Pendant la durée de cet ajustement,
quelques producteurs de fer pourront souffrir; quelques producteurs de vins, ou d'autres denrées, seront
au contraire soulagés, ainsi que les consommateurs
de fer et de combustible; mais le producteur en masse,
c'est-à-dire l'industrie française, n'aura rien à perdre,
car une barre de fer ne saurait entrer sans qu'un produit national quelconque sorte pour en acquitter la
valeur, et nous produirons toujours autant que nous
recevrons, ni plus, ni moins (2).

Nous ne produirons pas moins, car si l'étranger

(1) Le tit. 15 de la loi du 21 mai 1827, qui a si légèrement con-
sacré de nouveau cette funeste atteinte aux droits de la propriété,
est contraire aux intérêts bien entendus de ceux-là mêmes qui l'ont
désiré, et il serait aisé de prouver que ses dispositions, loin de favoriser, empêchent la reproduction du bois dans les seules localités où
leur conservation dût être légalement assurée par des motifs d'ordre
public et d'intérêt général.

(2) M. de Saint-Cricq disait à la tribune, le 2 juillet 1822 :

« *Nous ne devons pas tout prohiber, parce que la prohibition de*
« *toutes choses n'est pas heureusement nécessaire au développe-*
« *ment de notre travail.* »

Nous continuerons donc à acheter nos bas, puisque, Dieu merci,
il n'est pas nécessaire de les tricoter nous-mêmes pour occuper nos
loisirs !

nous envoie du fer, il ne nous le donnera pas sans équivalent en retour (1).

Nous ne produirons pas plus, car on nous demande toujours quelque chose (2), et si vous supposez le contraire, vous vous trompez, car on nous demande de

(1) M. de Saint-Cricq gourmande la Suède parce qu'elle nous fournit annuellement, moyennant un million, le fer dont nous avons besoin (Discours du 17 juillet 1828).

Est-ce qu'une balance, dite favorable à l'égard d'un pays, n'est pas compensée par une balance contraire à l'égard d'un autre? Si le compte général ne balance pas, c'est que M. de Saint-Cricq se trompe dans ses évaluations, et qu'il a aussi négligé de porter en compte l'article très-important du contrebandier. En définitive, personne n'ignore aujourd'hui que les variations du change étranger ont pour effet certain la conservation de toute la monnaie nécessaire à chaque pays pour ses transactions; une armée de douaniers est aussi inutile pour l'obtenir qu'elle serait impuissante à l'empêcher.

(2) On peut exporter avec avantage pour expédier dans un pays où non seulement le même produit, mais tous les produits seraient à plus bas prix que chez soi; car on n'exporte pas parce que le produit exporté est à plus haut prix chez l'étranger, on exporte parce qu'on trouve à l'étranger tel produit à plus bas prix qu'on ne pourrait l'obtenir chez soi.

Éclaircissons cette importante vérité par un exemple :

Je suppose que cette même quantité de fer qui eût coûté à la France le travail de 100 hommes, elle puisse l'acheter de l'Angleterre, en lui livrant en échange des soieries qui lui coûtent le travail de 90. La France gagnera à ce marché, quel que soit le prix coûtant de la soie en Angleterre.

Supposons maintenant que la même quantité de soierie puisse être produite en Angleterre par le travail de 85 hommes, c'est-à-dire moins qu'en France.

Cela n'empêcherait pas la transaction.

Car, supposez que le fer produit en France par 100 hommes, fût

toutes parts des produits dont le pays abonde, mais que nous ne pouvons livrer faute de moyens de les transporter, parce que vous employez toutes nos épargnes à nous faire produire ce qu'on ne nous demande pas. Lorsque nous aurons des routes et des canaux (1); lorsque nos rivières mêmes pourront servir à nos communications, et que le fleuve qui traverse notre capitale sera devenu capable de porter en toute saison non des frégates, mais d'utiles et modestes bateaux tirant 18 pouces d'eau; lorsque la Marne, la Saône, la Meuse, la Garonne, etc., auront été rendues navigables; lorsqu'en conséquence, nous pourrons livrer au commerce les produits de notre sol, vous verrez s'il est vrai qu'on ne nous les demande pas, et si de nouveaux capitaux ne trouveront pas encore dans quelque province un utile emploi à l'amélioration de nos cultures (2). Or, l'esprit d'association aurait déja entre-

produit en Angleterre par 80 : celle-ci pourrait se procurer par l'échange de son fer, et moyennant le travail de 80 hommes, la même quantité de soierie qui lui eût coûté le travail de 85.

Ainsi, les deux pays profiteraient, savoir : la France, de la valeur de 10 journées, et l'Angleterre, de celle de 5 journées de travail, et la supposition de liberté étant admise, la transaction aurait lieu, même en cette circonstance d'infériorité de la France, à l'égard de l'Angleterre, pour la production de l'un et l'autre objet d'industrie; et il en serait de même de tous les autres.

(1) Voyez les rapports de MM. Dutens et Dupin sur la longueur comparative des routes et des canaux relativement à la surface des deux pays, en France et en Angleterre; je répugne à transcrire ces chiffres.

(2) La cherté des grains est sinon occasionnée, du moins grandement accrue par les difficultés des transports qui empêchent le nivellement des prix; et le fer est dans le même cas.

pris et peut-être achevé ces utiles travaux, si vous n'en eussiez détourné nos capitaux par vos prétentions administratives et vos prohibitions insensées. Déja ces mêmes usines, que vous avez fondées prématurément, artificiellement, et que vous soutenez avec violence contre l'ordre naturel et à nos dépens, se seraient établies d'elles-mêmes et enrichiraient aujourd'hui le pays sans rien coûter à personne. Veuillez laisser faire toutes ces choses; et quand elles seront accomplies, nous aurons recours à vos droits prohibitifs, si leur protection devient nécessaire pour assurer un emploi à nos capitaux et du travail à nos ouvriers.

CHAPITRE VI.

Des propositions du Ministre sur l'avis de la Commission
d'enquête.

Après avoir démontré que la réduction du tarif est
praticable sans exposer les intérêts de nos producteurs
de fer, considérés dans l'ensemble de leur industrie,
examinons les voies que l'administration propose de
suivre dans ce but.

D'abord, et sur le point principal, la taxe à l'entrée
du fer, propose-t-elle une réduction sage, modérée,
mais suffisante aux besoins actuels? non. Quelque
essai de transition insensible? pas davantage. Propose-t-elle donc de laisser les choses dans l'état présent? un simple déni de justice? non pas même. Son
avis est qu'il faut rétrograder; qu'il faut donner aux
propriétaires de forêts, de houillères et de minerai,
plusieurs années de garantie, un droit acquis et po-
sitif qu'ils n'ont pas aujourd'hui.

Les temps sont durs pour le privilége; la prohibition vit au jour le jour, et chacun suffit à sa peine.
Elle doit donc être satisfaite d'une garantie de 5 ans
suivant la Commission (étendue à 5 ans 1/2 par le
Ministre), et substituée à une existence précaire, sans
cesse menacée; si l'on se compromet par l'engagement
d'une réduction de 5 fr. dans 5 ans (restreinte à 2 fr.

5o c. par le ministre), moyennant nouvelle garantie, l'avenir y pourvoira, et il fallait bien en tout cas un laissez-passer à cette nouvelle douceur.

Cependant une réduction actuelle était justement réclamée, et nécessaire par les considérations déduites ci-dessus.

Je sais que toute faible qu'elle fût, elle porterait coup à quelques usines inférieures, c'est-à-dire le plus mal situées; c'est l'inconvénient inévitable de toute réduction, à quelque époque que ce soit; j'admettrai même, par supposition, que l'étranger pût trouver un débouché sur quelques points de notre consommation.

Mais si l'on prétend que la taxe ne doive être réduite qu'à mesure de nos progrès, et toujours en sorte que le produit étranger ne trouve accès nulle part, ainsi que le propose la Commission (1), on ne fera jamais rien de réel; et le système protecteur restera debout dans toute son intégrité, malgré la modification des chiffres; car il importe peu que la différence soit grande ou petite, si la taxe haute ou basse est calculée pour la couvrir toujours et entièrement en tout tems et en tous lieux.

L'administration n'a pas gardé ces ménagemens, lorsqu'à la fin de 1821, accourant au secours des intérêts spéciaux contre les intérêts généraux, elle a devancé par une mesure provisoire la loi de douanes à intervenir quelques mois plus tard; et lorsqu'il est enfin question de soulager le pays d'une partie des sacrifices que lui imposent encore ces intérêts spéciaux, voilà que la Commission administrative demande pour

(1) Rapport, page 88.

ceux-ci 5 années de sécurité avant de se mettre en train d'y penser.

L'avis de la Commission ne mérite pas la même censure en ce qui concerne les fontes propres au moulage ; elle propose sur cet article une réduction immédiate de 3 fr., (c'est-à-dire 33 pour o/o), réduite à 2 fr. par le ministre.

Mais si la Commission cède à l'évidence d'un principe, comment l'absoudre d'inconséquence quant à son application dans deux questions qui, à vrai dire, n'en font qu'une? La fonte, sans doute, entre dans la nomenclature d'un tarif à son rang alphabétique ; mais à ce titre seul elle peut être considérée séparément.

La fonte à mouler n'est, comme le fer, que le produit d'une façon donnée au minerai, au bois ou à la houille. Si vous retirez subitement à l'un des deux produits l'avantage dont l'un et l'autre jouissaient conjointement, vous altérez arbitrairement leur valeur relative, et portez le trouble dans des rapports et des intérêts existans.

Le principe que nous invoquons est vrai ou ne l'est pas; s'il ne l'est pas, il faut l'écarter tout-à-fait et laisser les choses telles qu'elles sont ; si le principe est reconnu, il en faut faire une application équitable, qui opère une salutaire réforme par des moyens modérés, sans altérer les rapports actuels des valeurs, ni troubler inutilement les relations des intérêts privés (1).

(1) Apparemment la Commission aura reconnu qu'une moindre quantité de travail se trouvant réalisée dans la production de la fonte à mouler, comparativement au fer, elle n'était pas digne au même degré de sa protection. Mais, à ce titre, la Commission ne devait pas exclure la fonte brute, qui contient moins de main-d'œuvre encore; il faudrait être conséquent. (Voy. Rapport, page 19.)

Nous réunirons, dans le Résumé de cet écrit, les propositions qui nous sembleront les plus utiles, tant sur la question des fers que sur celle des sucres; en attendant nous allons passer à l'examen de cette seconde enquête de la même Commission.

DE L'ENQUÊTE SUR LES SUCRES.

Dans cette seconde partie de notre travail, nous rechercherons les effets

1° De la taxe imposée sur les sucres de nos colonies;

2° De la surtaxe à l'entrée des sucres étrangers;

3° De la prime payée à nos raffineurs.

CHAPITRE PREMIER.

DE LA TAXE COLONIALE.

La taxe sur les sucres de nos colonies est, à la fois, un impôt sur le consommateur, et une taxe politique destinée à la protection du producteur indigène.

Nous analyserons ses effets sous l'un et l'autre rapport, tant à l'égard de la métropole qu'à l'égard de la colonie.

1° DE LA TAXE CONSIDÉRÉE COMME IMPÔT.

Dans la supposition de relations libres entre la France et les colonies, une taxe à l'introduction du sucre en élèverait simplement le prix en France, à

peu près de tout le montant de la taxe, et en restreindrait la consommation à l'intérieur (1).

Quant à la colonie où l'on suppose que la France s'en
approvisionnerait habituellement, aucun effet sensible
de la taxe n'y pourrait être produit que par la diminution de demande résultant du renchérissement en France
seulement ; mais le colon, ayant le choix de son marché, maintiendrait sa culture, en portant le surplus de
sa denrée sur celui des marchés étrangers où, lors de
l'établissement de la taxe, les prix se rencontraient en
concurrence avec les prix français ; en sorte que la diminution de consommation en France se trouvant ré-
partie sur la production générale dans tous les pays à
sucre, la culture de la canne, non plus que la rente
foncière, ni le prix du sucre, n'en éprouveraient aucune
dépression sensible dans la colonie.

Mais sous le régime colonial, suivant lequel le colon ne peut vendre son sucre qu'à la métropole, et
celle-ci s'interdit, par le fait, d'en acheter à l'étranger,
les conséquences de la taxe sont bien différentes.

Cette taxe est de 24 fr. 75 c. pour un produit d'une
valeur de 48 fr. environ (2), et toutefois à cette condition la France consomme la totalité des produits de
ses colonies (3).

---

(1) Le sucre n'étant pas en France une denrée nécessaire à la
classe ouvrière en général, le taux du salaire peut n'être pas sen-
siblement affecté par le renchérissement de cette denrée, ni conséquemment celui des profits.

(2) Prix d'achat 32 f. *Enquête*, p. 24 et 98.

      Fret, etc... 16   *Id.*   p. 79 et 105.

        Total.. 48 fr.

(3) Rapport, p. 4 et 8.

Or, la consommation moyenne en France est de 4 liv. par tête seulement, tandis que dans des pays voisins elle est de 14 et de 22 liv. (1).

Si donc la portion de revenu que nous dépensons en sucre se trouvait tout à coup augmentée du montant de la taxe par son abolition, il est indubitable, autant par raisonnement que par analogie fondée sur l'expérience (2), qu'une partie au moins du revenu affranchi serait employée en accroissement de demande, laquelle, sous l'empire du monopole actuel, serait immédiatement suivie d'une extension de culture dans les colonies.

L'un des effets de la taxe est donc de restreindre la culture du sucre dans nos colonies (3); la rente foncière du propriétaire colon (4) qui, d'après les constantes lois de la nature, s'accroît à mesure des progrès de la culture, est donc déprimée par la taxe, et le colon ne peut échapper à cette dépression par le transport de son capital à d'autres cultures, dont il eût trouvé le débouché dans un état de relations libres à l'étranger.

Tels sont les effets de la taxe sous le régime du monopole colonial, en ne la considérant que comme impôt. A ce titre, son mérite est subordonné aux né-

(1) Rapport, p. 59.

(2) Enquête, p. 71, 72.

(3) Nous examinerons plus loin les effets contraires de la surtaxe; nous ne considérons ici que ceux de la taxe abstractivement de tout autre.

(4) Je distingue à dessein, et très-expressément, le colon propriétaire, du colon capitaliste ou entrepreneur d'industrie, lors même que ces deux qualités se trouvent réunies dans le même individu; et cela par les motifs énoncés dans l'Introduction, page 11.

cessités du revenu. Conviendrait-il, dans l'intérêt même du fisc, et pour rendre l'impôt plus profitable, d'en réduire le tarif, qui semble exorbitant?

Je ne discuterai pas cette question qui n'est pas de mon sujet, et qui a déja reçu ailleurs des développemens auxquels je n'ai rien à ajouter (1), si ce n'est que l'accroissement de recette, dont une réduction de tarif pourrait enrichir le Trésor public, me semblerait encore un faible avantage en comparaison d'une plus grande puissance d'épargne, rendue au consommateur, et de la création dans la colonie d'une plus grande quantité de produits, échangeables contre ceux de notre industrie.

2° DE LA TAXE CONSIDÉRÉE COMME PROTECTION ACCORDÉE AU PRODUCTEUR INDIGÈNE.

Considérée sous ce rapport, il faut distinguer ses effets en ce qui concerne:

1° *La métropole*,
2° *La colonie*.

Et d'abord, quant à la métropole, consultons les faits.

Notre législation prohibitive a élevé le prix des sucres étrangers au point de restreindre d'abord, et enfin d'exclure de notre consommation tout approvisionnement étranger.

Notre consommation est donc restée limitée à la seule production de nos colonies; et en cas d'insuf-

(1) Voyez le Mémoire du commerce de Paris; le témoignage de M. Larreguy, *Enquête*, p. 69; et celui de M. Joest, *Id.* 107 à 109

fisance soit par défaut de récolte, soit par extension de demande, le monopole consenti au profit des colons ne nous a laissé de ressource que dans une extension de culture, nécessairement accompagnée d'un accroissement de valeur et de prix.

Ces faits sont constatés par l'état officiel des importations, et par les rapprochemens desquels il résulte que les prix, pour la métropole, ont toujours varié précisément en sens inverse des quantités produites dans nos colonies (1).

Nous avons déja observé que la nature ne manque guère à venger le mépris de ses lois. En cette circonstance, elle a suscité le remède réparateur de nos erreurs administratives par les progrès de la culture et de la fabrication indigène, et son action salutaire est hardiment réclamée aujourd'hui par nos hommes d'état, comme titre de gloire, et sujet de triomphe pour leur rêverie de la protection du travail.

Rendons gloire et hommage à Dieu, et faisons justice aux hommes.

Si les lois de la nature sont telles qu'une plante de nos climats puisse suppléer, par ses sucs, aux produits d'une plante exotique;

S'il se trouve éventuellement vrai que le travail, appliqué à la culture et à la manipulation de la betterave, nous procure une plus grande quantité de sucre d'égale qualité que le même travail, appliqué à d'autres produits échangeables contre le sucre étranger, l'intérêt de l'homme lui suffit à pratiquer les moyens, comme son génie lui a suffi à découvrir le principe;

(1) Rapport, p. 8.

à cet effet, il s'aidera de lumières et d'expérience mises en commun, et si le gouvernement est composé d'hommes sages, ses avis salutaires seront accueillis avec reconnaissance ; mais, si l'autorité publique prétend exciter l'intérêt privé par une intervention violente, telle que taxes et restrictions prohibitives, son influence sera funeste ; elle pourra enlever aux uns ce qu'elle donnera, et plus qu'elle ne donnera précairement et illégitimement aux autres ; ceux-ci ne manqueront pas de l'en applaudir ; mais, au total, le bien partiel et apparent sera suivi d'un plus grand mal général et caché ; la marche de la nature sera entravée, et les progrès de la richesse publique en seront réellement retardés.

Voyez l'impuissance de la force dans cette espèce même.

Durant une longue guerre, au milieu des prohibitions les plus intenses et les plus effectives que puisse admettre la puissance humaine, tandis que le sucre valait 300 fr. le quintal, l'industrie du sucre indigène est restée stationnaire et stérile, car elle ne donnait que des résultats ruineux (1).

Après la paix, les communications étant rétablies, et les prix étant tombés de 300 à 90 fr., la production du sucre indigène commença néanmoins, dans ces circonstances, à obtenir quelques succès (2).

Libre à M. de St.-Cricq d'expliquer ces faits par des hypothèses : pour moi, je les prends tels qu'ils sont ; et puisque les plus grandes violences n'ont été accom-

(1) Enquête, p. 138.
(2) Rapport, p. 44.

pagnées d'aucun résultat, pendant vingt années con-
sécutives, et que des résultats heureux ont au contraire accompagné une grande liberté relative, j'ai
certes le droit d'en conclure que la force n'a pas été la
cause principale du succès, et que si l'industrie du
sucre indigène a continué à prospérer depuis 1822,
c'est moins aux prohibitions qu'en est dû le mérite,
qu'aux efforts de l'intelligence humaine, appuyés sur
l'expérience.

Et que l'on ne nous dise pas que cette expérience
et ces progrès sont eux-mêmes le fruit des prohibitions;
car l'intelligence, excitée par l'intérêt privé, se suffit
toujours à elle-même, et fût arrivée très-sûrement au
même résultat, s'il est avantageux et utile ; tandis que
l'intelligence aura été séduite et trompée par l'appât
d'un faux intérêt, si, en définitive, le travail, appliqué
à la production indigène, ne produit pas plus de jouis-
sance effective que le même travail, appliqué à des
produits échangeables contre le produit étranger.

En attendant ce résultat, la simple satisfaction de
produire du sucre de betterave aura coûté à la métropole 14 à 15 millions par an (1). En tant que la taxe
est considérée comme moyen d'encouragement au tra-

---

(1) Si le droit actuel de 49 f. 50 c. par quintal métrique était
réduit à 33 fr., on peut raisonnablement calculer que la France
obtiendrait, avec la même somme d'argent qu'elle dépense actuellement pour sa consommation en sucre (environ 100 millions), une
quantité de 10 millions de kilogrammes plus forte, sans que les
revenu du fisc en fussent diminués (Enquète, 108 et 109). Ce
supplément de 10 millions de kilog., aux prix actuels, forme une
valeur de 14 à 15 millions qui représentent la partie de la taxe
destinée à la protection du produit indigène.

vail, et si jamais le but est atteint et l'objet accompli, ainsi que je l'ai défini, nous cesserons seulement alors de payer ce tribut, sans aucun dédommagement de nos sacrifices passés; car, supposant que nous obtenions alors le même produit à plus bas prix, je le répète, ce résultat ne sera pas l'effet de la taxe; il eût été également atteint sans elle; il l'eût même été plus tôt, en ce que le libre emploi des capitaux eût favorisé les progrès de la richesse publique, et en même temps **ceux de** l'instruction et des lumières, et par conséquent ceux des procédés de l'industrie.

Mais, je veux supposer que ce résultat si désiré fût actuellement obtenu; j'accorderai même à M. de Saint-Cricq qu'il soit dû aux combinaisons de ses taxes prohibitives; nos consommateurs auront payé des centaines de millions pour l'obtenir, mais enfin nous le posséderons. Qu'est-ce que nous y aurons gagné?

L'ouvrier en sera-t-il mieux payé et plus heureux? Non, car, supposant la population restée dans le même rapport avec les capitaux du pays, le salaire proportionnel du travail, c'est-à-dire la part aliquote de l'ouvrier dans les produits de la terre, aura bien pu s'accroître par la plus-value du travail appliqué à des terres moins fertiles à mesure des défrichements nécessités par la culture de la betterave; mais son salaire réel n'aura pas varié, ni conséquemment la somme de ses jouissances effectives; l'ouvrier n'aura donc rien gagné à la production nouvelle; il aura même pu y perdre quelque chose, si son ancien salaire était susceptible de retranchement (1).

____

(1) Voyez ci-devant, page 32.

Le capitaliste, producteur de sucre indigène, en aura-t-il obtenu quelque avantage? oui peut-être, un avantage accidentel, mais limité, d'abord par la concurrence des autres entrepreneurs, et ensuite par l'élévation de la rente foncière à l'expiration des baux; ses profits auront donc été bientôt réduits au taux commun, et il aura définitivement souffert un dommage réel par la baisse du taux général des profits, suite nécessaire de l'accroissement du salaire proportionnel, ainsi que nous l'avons dit plus haut. Ainsi, bénéfice accidentel et temporaire, dommage permanent et durable : voilà son lot.

Quant au propriétaire foncier, il y a pour lui avantage réel et notable;

Et si l'hectare de terre rend 480 fr. en produit brut (*Enquête*, p. 123, 134, 151);

Si toutes les terres sont mises en rapport, à l'exclusion des jachères (*Ibid.* 120);

Si la culture de la betterave fournit en résidus :

1° D'abondans engrais, pour une étendue de terrain deux fois supérieure;

2° La nourriture des bestiaux et élèves, et de deux moutons par hectare (*Ibid.* 122);

Si, en outre, le fonds se trouve encore amélioré (*Ibid.* 152);

Tous ces avantages appartiennent au propriétaire foncier; mais, sans répéter ici ce que je crois avoir suffisamment démontré, à l'égard du propriétaire de bois et de mine dans la question des fers, je rappellerai seulement que ce bénéfice du propriétaire n'en est pas un pour le pays, et que la société y perd infiniment plus que le propriétaire n'y gagne.

Ainsi, aucun avantage réel, et perte possible pour l'ouvrier.

Bénéfice temporaire, et perte durable pour le capitaliste.

Bénéfice pour le propriétaire foncier, au prix d'une perte beaucoup plus grande supportée par la société entière.

Telle est, indépendamment d'un sacrifice de quelques cent millions, l'œuvre de la protection accordée au travail du sucre indigène, supposant le succès complet.

Si l'on me demande comment il se fait que le pays subisse un tel dommage par l'extension de sa culture et l'amélioration du sol, voici ma réponse :

Si ces circonstances étaient le résultat du progrès naturel de la société, par l'accroissement des capitaux et de la population, alors même elles seraient toujours l'indication d'une décroissance inévitable dans la puissance productive du travail, et un obstacle à l'accumulation ultérieure des capitaux par l'accroissement du prix de production, l'élévation du salaire et l'abaissement du profit; mais elles seraient en même temps symptômes et résultat de progrès précédens et d'une prospérité acquise.

Mais ici cet accroissement de culture, suivi des mêmes fâcheux effets, loin d'être le résultat des mêmes antécédens, est lui-même la suite et l'effet d'un obstacle violemment apporté à l'emploi des capitaux le plus naturel et le plus utile aux progrès de la société.

Dans le premier cas (celui du libre emploi), l'extension naturelle de la culture, suite de l'accroissement actuel de la richesse, est accompagnée de circonstances qui limitent nécessairement ses progrès ultérieurs.

Dans le second (celui des taxes restrictives), l'extension forcée de la culture est un premier obstacle aux progrès de la richesse, lequel devient cause d'effets plus désastreux encore.

Tel est le résultat de la taxe coloniale, considérée comme protection du travail, dans ses effets à l'égard de la métropole (1).

Examinons-la maintenant, sous le même rapport, dans ses effets à l'égard de la colonie.

Nous avons précédemment reconnu que la taxe, considérée seulement comme impôt et source de revenu pour le fisc, était contraire aux intérêts et à la prospérité de la colonie sous le régime du monopole.

(1) On en peut conclure que, sous le régime libre, quoique le propriétaire foncier ne représente pas tous les intérêts, néanmoins il est directement et toujours intéressé à la prospérité générale, et doit avoir une grande part (quoique non exclusive) aux conseils du pays;

Tandis que, sous le régime des taxes prohibitives, quoiqu'il conserve avec les autres classes des intérêts communs, il a néanmoins des intérêts différents et même opposés à ceux de la société collective, et n'a droit qu'à une moindre part aux conseils.

Cet effet des taxes industrielles, en France, est encore le même, à beaucoup d'égards, en Angleterre, où des lumières plus répandues ont néanmoins fait une justice partielle de ces préjugés. La plus funeste de ces taxes a résisté jusqu'à présent à la réforme, dans le parlement où une aristocratie puissante rallie ses forces de tous les partis sur ce terrain commun de ses intérêts spéciaux. Selon les estimations les plus modérées, les *corn laws* coûtent £ 20,000,000 st. (500,000,000 fr.) par an, aux consommateur, anglais; et, de cette somme énorme, un cinquième au plus profite, en accroissement de rente, au propriétaire foncier. (Voyez ci-devant, page 32.)

Mais si l'on considère cette taxe comme encouragement à un travail domestique dont les produits, analogues à ceux de la colonie et affranchis des mêmes charges, sont destinés à entrer en concurrence avec eux, son influence sera d'autant plus funeste à la colonie, qu'après y avoir découragé la culture à titre d'impôt sur la consommation, elle vient agir ici comme prime à l'exclusion de ses produits.

Observez en outre que chez le producteur indigène, le même travail est plus productif, parce qu'il est le travail d'hommes libres (1). Le salaire étant ainsi plus bas en France, il s'ensuit, non pas que le prix y soit naturellement plus bas, mais bien que le profit y est plus élevé; et c'est déja une prime dont le producteur indigène jouit sur le producteur colon.

Si donc, par l'effet de ces avantages inhérens à la production indigène, il arrive que la France produise dès aujourd'hui une portion assez notable de sa propre consommation en sucre (2); que dans le cours de l'année prochaine, cette quantité doive être doublée (3), et qu'enfin, d'ici à dix ans, elle puisse suffire à tous ses besoins (4), le propriétaire colon restant sous le poids du régime colonial, il est évident que la culture de ses terres et sa rente foncière en doivent éprouver une dé-

---

(1) Le travail esclave est plus cher: 1° parce que l'esclave travaille moins et plus mal; 2° parce qu'à la nourriture et à l'entretien de l'ouvrier, dont se contente l'homme libre, il faut joindre l'intérêt du capital employé à l'acquisition de l'homme-machine ou esclave.

(2) Enquête, p. 146.

(3)   *Id.*   147.

(4)   *Id.*   133.

pression proportionnelle, jusqu'à ce que l'abandon successif du sol inférieur en qualité, réduise sa culture à ses seules terres de première classe, tout au plus.

Que tel soit son avenir, je l'ignore; qu'il soit désirable pour nous, je suis très-éloigné de le penser; ce qui en adviendrait de certain serait la ruine des colons, à la prospérité desquels nous faisons, depuis 15 ans, tant de si extravagans et inutiles sacrifices; car, supposant la possibilité d'un tel état de choses, il faudrait bien rendre au colon la liberté de son industrie; et quel usage en ferait-il lorsque sa culture se trouve déja, par l'effet de nos encouragemens actuels, portée à tel point qu'une très-petite partie de ses terres, cultivées en cannes, pourrait soutenir la concurrence des terres plus fertiles des colonies étrangères?

En vain prétendrait-on secourir le colon fabricant de sucre par l'établissement d'une taxe sur le sucre indigène; l'effet de cette taxe ne sera jamais d'élever, pas plus que d'abaisser les profits de la culture, ni d'attribuer à l'exploitation de certaines terres de plus gros profits qu'à celle de certaines autres, soit dans la colonie, soit dans la métropole. La taxe ne pourrait qu'exclure de cette industrie les terres dernières et inférieures, cultivées en betteraves; son action s'exercerait en dépression de la rente foncière; et ce que le propriétaire gagnerait dans la colonie, par une taxe française, le propriétaire français le perdrait par une réduction de rente, suite nécessaire de la restriction de sa culture.

Ainsi, aucune taxe future intérieure ne soulagera le fermier capitaliste colon, et ne profitera au colon propriétaire, si ce n'est aux dépens du propriétaire de la métropole. En attendant, l'affranchissement de taxe accordé au producteur indigène, n'est autre qu'une prime donnée au propriétaire foncier de la métropole, aux dépens du propriétaire colon et au détriment du fisc, sans que le capitaliste français en obtienne de bénéfice; au contraire: car le taux de ses profits est restreint par le fait de l'extension de la culture occasionnée par l'affranchissement.

CHAPITRE II.

DE LA SURTAXE.

La surtaxe n'est pas un impôt : sous la forme de taxe, elle est une prohibition du sucre étranger, en protection du produit colonial ; à cet effet, et pour remplir sa destination, elle doit écarter les occasions même de perception.

Ainsi, la surtaxe est un sacrifice imposé au consommateur, au profit du producteur colonial, et en vue de certains avantages pour la métropole, autres apparemment que ceux d'un impôt.

M. le Rapporteur de la Commission d'enquête évalue cette charge à 20 millions pour les consommateurs de la métropole : je pense qu'il serait facile, d'après les chiffres mêmes de l'enquête, d'en justifier une évaluation plus élevée ; mais admettons celle-ci, et passons à l'examen des avantages qu'obtiennent de ce sacrifice la colonie d'une part, et de l'autre la métropole.

1° DES EFFETS DE LA SURTAXE A L'ÉGARD DES COLONIES.

Nous avons vu que la taxe sur les fers étrangers n'avait porté aucun secours durable aux maîtres de forges favorisés, et que depuis 1814 jusqu'à ce jour, à mesure de l'accroissement des taxes protectrices, leurs profits avaient été réduits au taux commun par leur propre concurrence; en sorte que les sacrifices imposés par les taxes au consommateur, s'étaient réalisés en un accroissement de rente au profit du propriétaire de forêts et de minerai.

Voyons si les mêmes causes auront ici produit de semblables effets.

En 1814, les profits du colon se trouvaient sans doute au taux commun et naturel des profits de l'industrie, en circonstances semblables; nous admettrons néanmoins, si l'on veut, qu'ils se trouvassent alors accidentellement plus bas; quoi qu'il en soit, de 1814 à 1816, la législation les a protégés par une surtaxe de 10 fr. à 12 fr. 50 c., consacrant en leur faveur le principe du monopole. En conséquence, la concurrence du sucre étranger a été tout au moins restreinte; et, la demande restant la même, le prix du sucre a été élevé sur le marché, ainsi que les profits du colon, momentanément.

Aussitôt, de nouveaux capitaux, délaissant le coton, l'indigo, etc. (1), se sont portés vers la culture de la canne par des défrichemens de terres moins fertiles, etc. La quantité relative du travail, c'est-à-dire la quantité requise pour le même résultat, se trouvant ainsi augmentée, la valeur réelle du produit s'est accrue, le prix de production s'est forcément élevé, et le prix de vente (réglé en partie par d'autres lois) restant le même ou ne s'élevant pas en proportion, le profit,

____

(1) Exposé des motifs, du 19 juin 1822.

qui n'est autre que le produit, moins le salaire, a nécessairement baissé jusqu'au niveau du taux commun, et peut-être temporairement un peu au-dessous, soit à cause de l'élévation du prix qui a dû réprimer l'énergie de la demande, soit par ce principe de réaction d'après lequel des manières d'être opposées se succèdent naturellement.

En conséquence, nouveaux griefs; et, en 1820, nouvelle protection par une surtaxe de 15 fr. Cette fois l'étranger avait été dûment exclu. M. de Saint-Cricq avait obtenu, à cet égard, pleine satisfaction (1), et le colon devait en recueillir de grands avantages, c'est-à-dire de gros profits.

Déterminé par cet espoir, il a étendu ses cultures; les demandes du consommateur ne lui ont pas manqué, les états en font foi, et pourtant les mêmes effets se sont reproduits : d'une part, le prix de production, ou prix de revient, s'est élevé, par suite des défrichemens, etc.; et de l'autre, le prix du marché a baissé, par suite de l'accroissement de l'offre relativement à la demande; la détresse du colon est devenue extrême; il a fallu y pourvoir, et promptement.

En conséquence, nouveau recours au même expédient; et, en 1822, surtaxe de 25 fr. pour augmenter les bénéfices du colon, lui donner les moyens de *relever sa culture ruinée, de rétablir ses ateliers, de payer ses dettes* (2), et enfin *le mettre en état de nous fournir le sucre à aussi bas prix que le producteur des colonies étrangères* (3).

(1) Exposé du 19 juin 1822.
(2) *Id.*
(3) Discours du 25 juin 1822.

Depuis cette époque (1), tous les emplois du travail, café, coton, indigo, cacao, etc., ont été délaissés pour la culture de la canne; des forêts ont été défrichées, des marais ont été desséchés, des sucreries ont été établies jusque sur des lieux élevés peu propres à cet usage, et où jamais on n'avait songé à en établir (2). Le prix de production devait nécessairement s'élever; et si d'autres circonstances, telles que le perfectionnement des procédés de la culture et l'accroissement de la demande, ne fussent venues au secours du colon, il est difficile d'apprécier l'état de détresse où cette imprévoyance l'eût promptement réduit; car, encore une fois, rien n'est moins fondé que cette prétention de la Commission, de pouvoir accroître ou restreindre à volonté les prix du marché et le taux des profits par des taxes et surtaxes prohibitives, quoique M. le Rapporteur de la question des sucres professe, à cet égard, la même doctrine que M. le Rapporteur de la question des fers (3).

---

(1) En 1823, des circonstances accidentelles réduisirent la production fort au-dessous des quantités ordinaires, et élevèrent conséquemment les prix à un taux exorbitant, mais passager.

(2) *Quand nous nous sommes vus assurés de la protection de la métropole*, dit M. Lavigne, de la Martinique, *nous avons cherché à étendre le plus possible la culture de la canne ; nous avons défriché des bois, desséché des marais, etc.* (Enquête, p. 20.)

La Guadeloupe, qui en 1817 produisait 16,000,000 kil. de sucre, en produisait 23,000,000 en 1820, et 34,000,000 en 1826. (*Id.* p. 154, et Rapport, p. 14.)

(3) M. le rapporteur examine et discute le *quantum* du bénéfice qu'il convient d'attribuer au colon par le degré d'élévation de la surtaxe. (Rapport, p. 57, 61 et 64.)

Il tombe, à cette occasion, dans une autre erreur très-commune,

Cependant, si la surtaxe est assez élevée pour fermer tout accès possible aux produits étrangers, elle reste nécessairement sans influence sur tout mouvement de valeur et de prix à l'intérieur.

Si elle admet une concurrence étrangère, actuelle ou éventuelle quelconque, toutes les terres de la colonie seront cultivées jusqu'à la hauteur de la qualité de celles qui, sans payer de rente, et d'après les prix limités par la concurrence étrangère, donneront un profit, au taux courant des profits dans la colonie.

Dans le premier cas, toute élévation de la surtaxe est de nul effet sur les prix et sur le profit: c'est ce qui est arrivé à peu près en 1822, et même en 1820.

Dans le second cas, toute élévation de la surtaxe étend la culture, élève le prix ainsi que la rente, et abaisse nécessairement le profit: c'est ce qui est arrivé en 1814 et 1816, et peut-être encore en 1820.

La manifestation de ces divers effets peut être contrariée et retardée par des accidens; mais les causes n'en sont pas moins agissantes, et les intérêts finissent par s'y ajuster.

Ouvrons maintenant les procès-verbaux de l'enquête : nous y verrons les faits conformes à cet exposé, et ceux qui d'abord sembleraient contradictoires

en ce qu'il considère l'élévation du taux de l'intérêt comme cause de l'élévation du prix et de l'abaissement du profit. (Rapport, p. 22 et 61.)

L'intérêt est bas, lorsque et parce que les profits sont petits; et le profit est bas, précisément lorsque les prix sont élevés.

Toute exception n'est qu'apparente et vient de ce que l'on confond, sous le nom d'*intérêts*, les effets de causes étrangères à la composition du véritable taux de l'intérêt.

seront trouvés d'accord entre eux, parce qu'ils sont tous conformes à la vérité.

Quel est le prix nécessaire au colon pour qu'il puisse continuer sa culture?

25 à 26 fr., répond M. Gallos.

25 fr., suivant M. Ducoudray.

25 à 28 fr. tout au plus, répond M. Joest (1).

Ces réponses sont vraies, c'est-à-dire que ces prix suffisent au colon, fabricant de sucres, pour se rembourser de ses avances avec intérêt et bénéfice ou profits au taux courant, et pour se payer à lui-même, ou à un tiers, la rente d'une terre de 1re ou de 2e classe; continuons :

33 à 35 fr., répond M. Homberg.

Tout au moins 31 fr., répond M. Beilac (2).

Et cela est vrai aussi; c'est-à-dire que ces prix sont nécessaires pour que le colon, propriétaire des terres inférieures nouvellement appelées à la culture, (3) reçoive de lui-même, ou d'un tiers, une rente quelconque, déduction faite de l'intérêt et des profits au taux courant; en sorte que la première circonstance, qui abaisserait le prix, le forcerait à abandonner sa culture.

Ainsi, ces variations de prix importent beaucoup au propriétaire du sol et au taux de sa rente foncière; mais, quant au fabricant de sucre et à ses profits, l'élévation du prix lui est si peu favorable, qu'au contraire le taux de ses profits s'élève naturellement à mesure

(1) Enquête, p. 21, 56, 105.

(2) *Id.* p. 80, 163.

(3) *Id.* p. 20 et 154; et Rapport, p. 14.

que les prix baissent en même temps que la rente foncière, *et vice versa* (1).

Ainsi, l'influence de la surtaxe sur les prix est, quant aux profits et bénéfices, contraire à celle qu'on lui suppose, et elle ne peut élever la rente foncière qu'en abaissant les profits.

La Commission suppose que c'est toujours le même sucre qu'elle veut bien payer, tantôt 30 ou 32, tantôt 36 ou 40 fr. les 50 kilo, et là est son erreur. Son tarif n'a d'effet qu'en changeant les sources de la production; et en même temps s'établit la valeur réelle d'un nouveau produit sur lequel se règle le prix général.

Si donc l'exclusion du sucre étranger détermine l'élévation de la valeur et la hausse du prix, le colon, propriétaire du sol, perçoit une rente supérieure; mais le colon, fabricant de sucre, réalise un moindre profit sur un prix de vente plus élevé. (Sauf l'accident des baux jusqu'à leur renouvellement).

Il en est de même de la culture de la betterave en France; cette culture donne des profits suffisans au fermier; mais les terres dernières et inférieures ne lui donnent ni plus ni moins de profits que les premières et les plus fertiles (rente déduite); et elles ne donnent pas plus de profits permanens que les terres, d'égale qualité, employées à toute autre culture.

Ces terres inférieures ne supporteraient donc aucun impôt sur le sucre indigène; le fermier n'y pouvant plus employer ses capitaux avec le même profit, la culture de la betterave y serait bientôt remplacée par

____

(1) Voyez ci-devant, p. 19 à 24.

quelque autre; et à mesure de l'élévation de l'impôt, la culture de la betterave se restreindrait jusqu'à ce point, où l'impôt, approchant de la taxe coloniale, ferait disparaître entièrement la culture et la fabrication indigènes.

C'est ainsi que s'expliquent ces deux faits de l'enquête qui semblent s'exclure, à savoir :

D'une part, que le producteur de sucre indigène en obtient aujourd'hui des avantages notables;

Et que, d'autre part, la plus légère taxe ruinerait, dès à présent, son industrie et ses établissemens.

En quelque temps que ce soit, dans 20 ans comme aujourd'hui, l'effet inévitable de toute nouvelle taxe semblable sera de ruiner les établissemens fondés sur la culture des terres inférieures.

Poursuivons le rapprochement des faits rapportés dans l'enquête.

La surtaxe de 1822 n'a eu aucun effet quant à l'exclusion de l'étranger; il était exclu déja par la surtaxe de 1820; l'assertion de M. Saint-Cricq est positive à cet égard; l'œuvre du monopole était achevé; son succès était complet (1), et d'ailleurs le fait est constant par les états officiels d'importation (2). L'introduction des sucres étrangers, déja fort restreinte antérieurement, s'est bornée depuis 1820 à quelques besoins spéciaux de l'industrie, et aux demandes du raffineur pour réexportation.

La surtaxe de 1822 n'a donc produit aucun effet de cette nature.

(1) Exposé du 19 juin 1822.
(2) Enquête, exposé p. 5.

Elle n'en a produit, non plus, ni pu produire aucun sur les prix, et la hausse des prix de 1823 à 1828 ne peut pas plus être attribuée à la surtaxe de 1822, que la baisse des prix de 1821 et 1822 ne doit être attribuée à la surtaxe de 1820 (1).

Cependant le sort du colon s'est amélioré depuis l'époque de la surtaxe de 1822 (2).

Comment expliquer cette contradiction apparente, entre les faits de l'enquête?

Ce sont d'autres faits de la même enquête qui l'expliquent.

Les importantes améliorations, introduites dans la culture (3) depuis cette époque, ont abaissé le prix de production; en même temps la consommation et la demande se sont accrues (4) par les progrès naturels de la richesse dans la métropole; et à mesure de l'extension de la culture qui tendait à élever le prix de production par des défrichemens, etc., le perfectionnement des procédés tendait à l'abaisser par l'accroissement de la puissance productive d'une même quantité de travail.

____

(1) Prix moyen de 1816 à 1820.... 83 f. 35 c.

   ————   1821 à 1822.... 66   70

   ————   1823 à 1828.... 79   20   (*État officiel,*
                                 $n°$ 2.)

(2) Enquête, p. 16, 25, 160.

(3) Depuis 1822, le mode de culture s'est beaucoup amélioré par l'introduction de la charrue, qui dispense de l'emploi de 15 nègres sur 18 pour le labour, par l'usage de nouveaux engrais, etc. (Enquête, p. 13, 14, 15, 20, 21, 31, 155.)

(4) Voyez les rapports constans observés par M. le rapporteur, p. 8.

De ce conflit de deux causes contraires, il est résulté que le prix de production s'est trouvé maintenu à un taux voisin de l'état stationnaire (1); que celui du salaire proportionnel, qui en dépend, a pu ne pas varier non plus, et que par conséquent le taux du profit, qui se règle sur ce dernier, n'en a pas été altéré.

Et en même temps une nouvelle rente foncière s'est élevée au profit des propriétaires de l'ancien sol cultivé, et d'une partie du nouveau.

Telle est l'origine de l'aisance actuelle du colon; mais à cela la surtaxe est restée étrangère, son action s'est bornée à exclure le produit étranger en 1814, 1816 et 1820, et à limiter, depuis cette époque, le champ du débat aux seuls rapports de la métropole avec la colonie; une fois cet effet produit, toute surtaxe additionnelle n'a pu que le confirmer sans l'altérer.

Ainsi le sort du colon s'est amélioré depuis 1822; mais il s'est amélioré par les causes que nous venons d'indiquer, lesquelles sont étrangères à la surtaxe; et l'influence de celle-ci ne pouvait que lui être nuisible, puisqu'elle n'eût élevé la rente foncière qu'aux dépens du taux des profits, et en causant au capitaliste entre-

---

(1) Ces causes, combinées avec les variations annuelles de la demande et de la production, ont produit cette oscillation des prix du marché dont le taux moyen s'est élevé depuis 1822. En supposant donc égalité de rapport entre la demande et la production, il semblerait que l'effet des perfectionnemens de l'agriculture eût surpassé celui des défrichemens, etc., dans la colonie; et dans cette supposition, le taux du profit se serait élevé, mais non par l'effet de la surtaxe, dont toute influence possible eût produit un effet contraire.

preneur plus de dommage qu'elle n'eût procuré d'avantage au propriétaire foncier, ainsi que nous l'avons déja démontré (1).

Passons à un autre point.

L'hectare de terre à la Guadeloupe ne rend, terme moyen, que 2500 kilog. de sucre : à Porto-Ricco il en rend 3,500 au moins (2). Quelle est la cause de cette différence ?

Le fait est constaté par l'enquête; la commission l'explique, en affirmant sans hésiter que la Guadeloupe est moins fertile que Porto-Ricco;et elle en tire cette conséquence, qu'une surtaxe est nécessaire pour protéger son travail contre l'influence de ce désavantage naturel.

Cependant le fait ne prouve pas que l'île de la Guadeloupe soit moins fertile que celle de Porto-Ricco, mais seulement que l'ensemble des terres cultivées dans la première, est moins fertile que l'ensemble des terres cultivées dans la seconde; ce qui, à degré égal de fertilité générale, serait la conséquence naturelle d'une culture relativement plus étendue à la Guadeloupe. Le fait serait concluant contre la colonie française, sous un régime libre, parceque la culture s'étendrait selon les avantages naturels du terrain ; mais sous le régime restrictif, le fait est vide et ne conclut rien, quant à la fertilité relative des deux îles.

Ici, comme presque toujours, l'erreur provient de ce que l'effet est pris pour la cause ; voici la vérité :

Sous le régime libre, les terres de première classe

(1) Voyez ci-devant, pages 28 à 32.

(2) Enquête, p. 168.

étant épuisées à la Guadeloupe, (1) celles-là seulement eussent été cultivées, qui eussent soutenu la concurrence des autres pays à sucre, à mesure de l'extension de la demande ; ou bien elles eussent été employées à d'autres usages, selon les besoins.

Mais la surtaxe a excité le défrichement successif des terres inférieures avant le besoin naturel ; et la demande des consommateurs, combinée avec le monopole, a nécessité une extension de culture telle, que la masse des terres cultivées à la Guadeloupe, se trouve aujourd'hui inférieure d'un tiers en fertilité comparée à celle des terres à sucre de Porto-Ricco.

De là, vous concluez fort indûment l'infériorité relative de la Guadeloupe ; je n'affirme pas le contraire, j'observe seulement que le fait ne contient pas ce que vous prétendez en induire, et qu'à cet égard, comme à tous autres, la nécessité de votre surtaxe tombe à faux.

Le jour où il nous plaira de transplanter le mûrier du Piémont en Normandie, il nous faudra protéger ce beau travail par une surtaxe ; nous paierons la soie plus cher, mais nous serons conséquens.

Cependant, prenant les choses telles qu'elles sont, et nous plaçant, comme le dit la Commission, *sur le terrain des réalités*, il est de fait que le colon étranger de Cuba et de Porto-Ricco produit le sucre à 20 fr.,

---

(1) Il se trouve à la Martinique des terres qui rendent 7 à 8,000 kilo (*Enquête*, p. 19), et il est hors de doute que du moins certaines terres à la Guadeloupe soient égales et supérieures aux terres moyennes de Porto-Ricco ; si d'ailleurs le contraire était supposé, il n'en résulterait autre chose sinon que le sol de la Guadeloupe ne serait pas propre à la culture du sucre, ce que je suis loin de croire.

tandis qu'à la Martinique et à la Guadeloupe il nous revient à 30 et 32 fr.; (1) la surtaxe semblerait donc bonne et utile en elle-même, puisque, sans elle, nos colons seraient ruinés.

C'est que, comme je l'ai dit dans la question des fers, le vice du privilége survit à son existence, et que les fautes, promptement commises, sont longues à réparer. La pernicieuse influence du monopole s'est cachée sous *l'appât* d'un bénéfice temporaire et précaire, cause nécessaire de pertes et de souffrances plus grandes, jusqu'à ce qu'il ait atteint les limites du mal possible par l'exclusion de toute concurrence; dès-lors, le consommateur ne peut plus être soulagé du poids résultant du privilége, que par le retrait des avantages illégitimement alloués au propriétaire foncier; or, celui-ci se verrait ruiné par cette subite révolution; c'est pourquoi la surtaxe ne doit être abolie que successivement, et avec de convenables ménagemens.

C'est ainsi que prenant pour règles les principes éternels du raisonnement fondé sur l'expérience, tous les faits de l'enquête s'expliquent et se prêtent un mutuel appui. Nous en avons choisi quelques-uns, et il en serait de même de tous les autres, tandis que partant d'hypothèses et de théories fantastiques, M. le Ministre du Commerce et sa commission tombent, de mécompte en mécompte, dans de tels embarras, qu'il leur faut finir comme ils le font dans la question de la prime payée aux raffineurs; c'est-à-dire en confessant leur impuissance sans pouvoir se l'expliquer (2).

(1) Enquête, p. 24 et 46.
(2) Voyez page 116 ci-après.

2° DES EFFETS DE LA SURTAXE A L'ÉGARD DE LA MÉTROPOLE.

Nous ne rappellerons pas ici les vingt millions qu'elle nous coûte; c'est de l'argent bien placé, nous dit-on; considérons seulement les avantages qui résultent de cette combinaison, en ce qui nous concerne directement.

Depuis plus de cinquante ans, s'agite la question de savoir si les métropoles profitent finalement du monopole de leurs colonies; un homme dont le nom commande le respect, a le premier, je crois, professé avec quelque autorité l'opinion contraire, du moins sous le point de vue économique; mais il faut convenir qu'il s'est élevé à ce principe plutôt par la force instinctive de son génie, que par une induction fondée sur des notions certaines et éprouvées; la haute reconnaissance que nous devons au docteur Smith ne doit pas nous entraîner à l'admission de ses erreurs. Un tribut éclairé est le seul qui soit digne de lui, et c'est encore lui rendre hommage que de porter le flambeau dans la route qu'il nous a tracée.

Si Ad. Smith vivait aujourd'hui, il reconnaîtrait, avec ses dignes successeurs, que le taux du profit n'est réglé, ni par l'extension du marché, ni par l'abondance ou rareté relative des capitaux, et que l'exclusion des capitaux étrangers ne peut être cause directe de l'élévation du profit dans la colonie.

Il reconnaîtrait que l'état de la puissance productive du travail, ou, en d'autres termes, le degré de fertilité du plus mauvais sol cultivé, règlent seuls partout le taux du profit; et que, par conséquent, l'ouverture du marché colonial ne saurait élever le profit par le fait seul de cette extension.

Il reconnaîtrait enfin que cette élévation du taux du profit, qu'il redoute pour la colonie et par contre-coup pour la métropole, loin de leur être préjudiciable, serait avantageuse à toutes deux, et que le monopole n'est désastreux que précisément parce qu'il produit un effet contraire, en ce que finalement et constamment il déprime le taux du profit en élevant celui du salaire proportionnel.

Ad. Smith s'est également trompé dans le moindre avantage qu'il attribue au commerce des colonies, comme à tout commerce extérieur, comparativement au commerce intérieur, de même que dans la préférence qu'il accorde à l'agriculture comparée au commerce. La théorie de la rente si bien établie par MM. West et Malthus en 1815, et celle des profits et salaires par M. Ricardo, en 1817, étaient inconnues au docteur Smith ; c'est ainsi que, par des distinctions mal fondées entre l'utilité comparative des divers emplois de capitaux, il s'est placé en contradiction avec ses propres principes, et que, s'appuyant à tort sur la théorie des économistes français, il a fourni prétexte à celle de la protection du travail (1).

Nous ne discuterons pas ici la question de savoir si, en aucun cas, la métropole peut obtenir un bénéfice quelconque du monopole de ses colonies, et si tout

(1) M. Ferrier ne sait pas tout ce qu'il doit aux erreurs d'Ad. Smith, ou il est bien ingrat. (Voy. *Ad. Smith*, liv. 2, chap. 5.)

En revanche je crois que M. Huskisson serait peu reconnaissant de l'appui que M. Ferrier va chercher dans ses discours.

(Voy. *Du commerce maritime*, etc., 1828.)

avantage pour elle n'est pas empêché, 1° par la concurrence intérieure, laquelle oblige ses négocians à vendre au colon (ou, en d'autres termes, à acheter de lui) aux conditions les moins favorables auxquelles ils puissent se restreindre; 2° par la migration des capitaux, de la colonie à la métropole, en vue du nivellement nécessaire des profits.

Une telle discussion excéderait les bornes naturelles de cet écrit, sans utilité pour la question qui nous occupe, dès que toutes les opinions, dignes d'être comptées, se rallient sur ce point que, même en admettant la possibilité de quelque bénéfice de cette espèce pour la métropole, néanmoins les désastreuses conséquences du monopole excéderaient de beaucoup, pour elle, la somme de ces avantages supposés possibles. Nous pouvons donc nous armer, contre la surtaxe, de l'anathème dont le Dr Smith a frappé tous les monopoles, et spécialement le système colonial, sous le point de vue économique, le seul dont il soit ici question; et nous dirons avec A. Smith, Ricardo, Mill, Mac-Culloch, etc.

1° Que dans tous les cas, la métropole ne peut gagner, par cette voie, rien que la colonie ne perde; et que la colonie faisant partie du pays, la société, considérée collectivement, n'y trouverait aucun avantage.

2° Que, non-seulement la société, dans son ensemble, n'en est pas plus riche, mais qu'elle en est appauvrie, en ce que, par l'effet du double monopole, ses capitaux ont été distraits de leur emploi naturel, le plus productif, pour être attirés vers un emploi forcé, et conséquemment moins profitable à la communauté (1).

(1) La culture de la métropole a reçu une extension surnatu-

3° Que le régime colonial, dont la surtaxe est l'expression, entraîne les frais d'un établissement de douanes, destiné à la répression impossible d'une contrebande dont l'existence active et permanente est bien constatée (1), et qui n'en est pas moins immorale et fâcheuse dans ses moyens, quand même ses résultats matériels combattraient avec succès les vices de la législation.

4° Enfin, que la surtaxe produit sur les sucres l'effet que les lois restrictives du commerce des grains produisent sur le blé; elle gêne le nivellement des prix par la concurrence extérieure, et détermine ces fluctuations excessives des cours, aussi dangereuses aux capitalistes que dommageables aux consommateurs (2).

Parmi les avantages de la surtaxe, vantés par l'administration des douanes, nous eussions bien désiré ne pas reconnaître encore celui de prévenir l'exportation de l'argent à l'étranger; et ce n'est pas notre faute, s'il faut nous résigner à répondre encore ici à ce triste argument :

« *Quand nous accepterions,* dit M. de St.-Cricq (3),
« *les sucres de l'Inde, du Brésil et de la Havane,*
« *croyez-vous que nous en paierions le prix par*

----

relle par la demande forcée du colon pour les produits énumérés au privilége, comme la culture de la colonie a reçu un accroissesement forcé de l'exclusion du sucre étranger. Le taux du profit en a été déprimé de part et d'autre par l'élevation du taux du salaire proportionnel, effet constant du monopole tel que nous l'avons déja signalé.

(1) Voyez Enquête, pages 18, 21, 22, 115, 116, 117, 157 et 176.

(2) C'est principalement sur ce motif que les raffineurs se fondent pour solliciter la baisse de la surtaxe. (*Enquête*, p. 105.)

(3) Exposé des motifs. Juin 1822.

« *nos exportations de vins ou autres produits? Non,*
« *car, d'après notre propre expérience, nous avons*
« *importé, en 1820 et partie de 1821, savoir :*

« *De l'Inde pour une valeur de*	22,000,000 fr.
« *Du Brésil* . . . . . *id.*	15,000,000
« *Et de la Havane id.*	27,000,000
TOTAL. . .	64,000,000

« *Et nous n'avons exporté, savoir :*

« *Pour l'Inde qu'une valeur de*	4,000,000
« *Le Brésil* . . . . *id.*	7,000,000
« *Et la Havane. . id*	11,000,000
TOTAL. . .	22,000,000 fr.

« *En sorte qu'il nous a fallu solder la différence*
« *en piastres; comment admettre,* ajoute M. de St.-
« Cricq, *qu'en accordant un plus libre accès au*
« *sucre étranger, nous obtiendrions un plus grand*
« *écoulement des produits français ?* »

Comment l'admettre, dites-vous ? Eh mais ! comme
on admet la lumière du jour. Et comment admettre le
contraire? demanderai-je à mon tour à M. de St.-Cricq.
Les étrangers nous enverront-ils leur sucre pour rien?
et si nous les payons en piastres, ces piastres nous
sont-elles venues autrement qu'en échange de nos
vins ou de quelqu'autre produit? Si les besoins de
notre circulation nous rendaient cet argent nécessaire,
n'aurait-il pas plus de valeur au-dedans qu'au-dehors,
et trouverions-nous intérêt à l'exporter ? et si nous
avons du profit à l'exporter, quel intérêt avons-nous
à nous en abstenir (1)?

(1) Quand l'étranger n'admettrait point nos produits en échange

A ces maux, l'administration ne voit qu'un remède, la surtaxe, dont le consommateur fera les frais, à la vérité (1); *mais*, dit-elle, *il en trouvera bien la compensation dans le travail qui en est le prix* (2).

Nous avions souvent entendu recommander le travail comme moyen de bien-être et d'aisance; ici on nous le propose comme but et récompense d'un sacrifice; c'est soumettre le pauvre consommateur à un régime sévère; on ne doit pas s'étonner s'il se montre quelque peu récalcitrant.

Nous disons au consommateur ouvrier : travaillez à produire les choses dont nous manquons ou que l'on nous demande (3), et nous vous paierons d'autant mieux que nous ne serons pas appauvris par la surtaxe. M. de Saint-Cricq lui dit: payez d'abord, comme nous, la sur-

---

des siens, s'ensuit-il pour cela que nous les paierions en argent? pas du tout; écoutons un témoin oculaire, digne de foi.

« L'Angleterre tire d'Italie pour 2 millions st. (5o,ooo,ooo fr.) « de soie annuellement, et les produits d'Angleterre ne sont admis « en consommation dans aucun port d'Italie.

« J'ai voulu savoir précisément de quelle façon l'Angleterre payait « cette dette, et, à la suite de quelques recherches, j'ai trouvé plus « des trois quarts de la somme en traites d'Italie, passées à l'ordre « d'Autrichiens et Allemands, qui les avaient remises à nos fabricans « de Manchester et de Glascow, en paiement de produits de leurs « manufactures. » (*Discours de M. P. Thomson, au Parlement du* 14 *avril dernier.*)

(1) « Et ce consommateur, c'est la France entière, » dit lui-même M. de St.-Cricq (*Discours du 25 juin* 1822.)

(2) Discours du 19 juin 1822.

(3) « Nous désirons, et l'on nous demande toujours quelque chose. » (Voyez ci-devant, page 56.)

taxe (1); puis nous vous ferons travailler, selon que nous le pourrons, afin de produire ce que d'autres nous eussent fourni à meilleur compte.

Cependant, sans la surtaxe, l'ouvrier eût produit les choses que nous eussions échangées contre le sucre dont nous manquons; notre argent ne fût donc pas plus sorti, sans la surtaxe qu'avec elle, supposant qu'il n'excédât pas les besoins de notre circulation; et s'il excède ces besoins, la surtaxe n'empêchera pas sa sortie, Dieu merci.

Mais ces 20,000,000 fr. de surtaxe imposés au consommateur en vue de certains avantages illusoires, ne sont pas seulement un sacrifice inutile; ce sacrifice est en outre funeste en ce qu'il détourne les capitaux de leur emploi le plus profitable et nuit ainsi aux progrès de la richesse publique.

A cela on nous répond que le système colonial est utile, même au prix d'une partie de la richesse, par de hautes considérations politiques en vue du maintien et de l'accroissement de nos forces maritimes indispensables à la défense du pays.

Abordons cette dernière question.

Quelle que soit l'importance des considérations qui se rattachent à la richesse et à la prospérité du pays, celles qui touchent à son existence même sont sans doute d'un ordre supérieur et réclament à juste titre la priorité.

C'est derrière cette considération que se retranchent les défenseurs de la surtaxe, assez éclairés pour en apprécier d'ailleurs tous les inconvénients.

(1) Soit par sa consommation personnelle, soit par l'influence de la surtaxe sur le taux de son salaire réel.

Nous convenons, disent-ils, que le système du double monopole dit *système colonial* peut être une fâcheuse entrave à la prospérité de la métropole et une cause éloignée de détresse pour la colonie protégée; mais la conservation et même l'accroissement de notre marine militaire, indispensable à la défense du pays, exigent l'entretien d'une école de marins, et d'une pépinière de matelots que la marine marchande peut seule nous fournir; de là l'application du système de protection spéciale au commerce maritime et, par suite, à ces relations forcées avec des colonies soumises à une législation exceptionnelle, regrettable peut-être pour elles et pour la métropole sous le rapport économique, mais calculée dans le but politique du développement et de l'extension de notre marine.

Si la défense du pays rend ces violences véritablement nécessaires, certes il faut s'y soumettre et sans murmure, car ici la plainte serait absurde autant que coupable : mais cette nécessité est-elle réelle? C'est ce qu'il est permis d'examiner.

Encore ici nous éprouvons le regret et l'embarras de différer d'opinion avec le docteur Smith, qui réclame à ses propres principes une exception motivée sur la nécessité politique; c'est avec toute la déférence due à ses hautes lumières, que nous appellerons de son jugement à celui du juge suprême, le raisonnement fondé sur l'expérience.

L'utilité politique du système colonial et de la surtaxe se fonde sur ce raisonnement :

1° L'honneur et la défense du pays exigent un large établissement de marine militaire.

2° Le grand développement d'une marine marchande est nécessaire à l'éducation des matelots que réclame l'entretien de la force maritime.

3° Le système colonial est utile à l'extension de la marine marchande.

D'où l'on conclurait dès-lors, à bon droit, que la défense et la sûreté du pays sont intéressées à la conservation de la surtaxe coloniale.

Nous croyons les deux premières propositions fort contestables, et nous pensons que la troisième ne peut soutenir l'épreuve d'un examen sérieux.

La défense du territoire et la protection du commerce ne sont pas ce que l'on entend ici par l'honneur et la défense du pays; le large établissement maritime dont il est question n'est pas nécessaire à cet objet, et son but ne peut être qu'une résistance réelle et directe à la puissance navale de l'Angleterre en cas de guerre; or c'est de cette entreprise que beaucoup de gens de bon sens, à part un faux orgueil national, nous conseilleraient, peut-être, de nous abstenir.

Ils nous diraient que chaque pays tient de la nature même certains avantages, certaines charges, certaines nécessités qui lui sont propres, et qu'il est peu sage de se compromettre gravement dans une lutte inégale contre la nature des choses.

La population de l'Angleterre est essentiellement maritime, puisqu'elle ne peut prospérer ni exister que par le commerce maritime; son commerce, même intérieur, est, pour la plus grande partie, un commerce de cabotage; elle n'a de communication à l'étranger que par mers, et par des mer d'une navigation rude et difficile, qui exige expérience et habileté. Ces communications nécessaires deviennent de plus en plus actives à mesure de l'accroissement de sa richesse et de la multiplication de ses produits qui réclament partout des moyens de débouchés que sa marine seule peut lui fournir au-dehors. Ajoutez que les intérêts de sa défense sont tous concentrés dans sa marine; que ses forteresses sont des vaisseaux, comme ses voitures sont des navires; et que leurs garnisons sont des matelots, comme le sont ses rouliers.

La supériorité maritime est donc pour l'Angleterre un intérêt de premier ordre, et elle est douée par la nature de tous les moyens propres à se l'assurer (1).

Nous n'avons à cet égard en France, ni les mêmes avantages naturels, ni les mêmes intérêts.

Nos frontières ne sont maritimes que dans la moitié de leur développement. Les routes de terre, les canaux, les rivières forment le reste de nos moyens naturels de communication au-dehors; sur la partie maritime de nos frontières, nous n'avons, par l'Océan, de relations riches en objets d'échange que l'Angleterre à laquelle nous touchons. La mer qui nous met en relations directes avec les plus riches portions de trois parties du globe, est une mer intérieure, tranquille, impropre à former de hardis marins et des matelots comparables aux élèves de l'Atlantique et des mers du Nord.

(1) Ce n'est pas un médiocre avantage pour l'Angleterre que cette prépondérance nécessaire chez elle de l'armée de mer sur l'armée de terre; on a remarqué que dans ses troubles civils, l'esprit de sa marine a toujours été beaucoup plus favorable aux institutions libres que celui de ses troupes de terre; et cette différence morale s'explique naturellement par la supériorité obligée de l'instruction et des lumières.

7.

De plus, nos capitaux, moins abondans, sont encore réclamés à l'intérieur par les améliorations de notre agriculture et les fabriques nécessaires à nos propres consommations.

Cependant, si la France doit se tenir prête à une lutte individuelle, malgré ces désavantages naturels, il faut surtout qu'elle se garde d'une rivalité vaine et incomplète, sous peine d'accroître progressivement les forces de l'ennemi de toute la masse de ses propres pertes; il ne nous faut rien moins qu'une rivalité réelle nous donnant chance plausible à la supériorité; tout ce qui n'arrive pas à ce but est le comble de la déraison; il faut donc l'atteindre sous le poids des désavantages que nous avons indiqués; et pourquoi? Pour protéger, en cas de guerre, notre commerce, et défendre le monopole de nos colonies !

Sans doute, il est bon de prévoir le danger; mais est-il sage de prétendre s'en garantir, en se faisant d'avance à soi-même plus de mal que l'ennemi ne pourrait nous en faire, le cas échéant?

Si, par des dépenses et des charges qui dessèchent la source même de nos richesses, nous acceptons d'avance un sacrifice équivalent à la perte éventuelle de nos vaisseaux et de nos relations coloniales, quel plus grand mal la guerre eût-elle pu nous faire? Et cependant est-elle inévitable? et sommes-nous malheureux à ce point qu'elle ne puisse être prévenue que par des moyens pires que tous les maux qu'elle pût nous causer?

D'heureux succès ont couronné de nobles efforts dans les guerres de Louis XIV et dans celle de l'indépendance américaine; mais la nature des choses n'en a pas été détruite, et de nouvelles entreprises auraient à vaincre aujourd'hui le même intérêt de propre conservation fortifié de plus puissans moyens de résistance. Si donc il convient de renoncer à de semblables tentatives, ce n'est pas qu'à force de dépenses et de courage nous ne parvinssions encore à des résultats glorieux; c'est parce que notre infériorité tient à des causes générales et constantes dont, à la longue, il ne dépend pas de nous d'écarter les effets.

La défense de notre bon droit nous trouvera toujours préparés, et de sages conseils nous ménageront des alliances concertées dans des intérêts communs.

Mais qu'est-ce qu'une guerre habituelle aux lois de la nature, une révolte systématique contre la nécessité!

D'autre côté, l'Angleterre reconnaîtra que ses vrais intérêts n'appellent pas son intervention dans les affaires du continent; mais elle sera toujours prête à la guerre dans l'intérêt de sa supériorité navale. Cet intérêt est légitime; toute guerre dans ce but sera chez elle populaire et facile; et toute démonstration d'armement, toute alliance hostile contre cette supériorité sera immédiatement suivie d'une guerre maritime, soutenue du concours volontaire de toute sa population, non parce qu'Albion est perfide, comme le disent les petits enfans, mais parce que toute société veille aux intérêts de sa conservation, et que le gouvernement anglais ne saurait négliger ce devoir, pas plus que nous ne verrions avec indifférence l'Autriche ou la Prusse armer sur le Rhin.

Toutefois les peuples ont droit à la franchise des communications maritimes; si dans un intérêt contraire, l'Angleterre peut abuser d'une supériorité, acquise en vue de sa défense, l'intérêt de tous doit les réunir dans un système d'observation et d'alliance contre ce commun danger.

Abandonnant donc l'idée d'une lutte corps à corps avec la puissance navale de l'Angleterre, une guerre collective serait la seule à laquelle nous devrions nous tenir toujours prêts. A cet effet les Américains, les peuples de la Baltique, les Russes, les Grecs seraient nos alliés naturels; et en cas de guerre étrangère, notre pavillon serait le drapeau de la neutralité. Mais dans ce but, qu'avons-nous besoin d'un état de paix maritime qui surpasse celui de tous les autres peuples? pourquoi dépenser 80 millions pour notre marine qui ne nous en coûtait que 30 ou 40 autrefois? A quoi bon 205 bâtiments armés, quand l'Angleterre même n'en avait armé que 150 en 1828? Pourquoi 36 vaisseaux à flot, quand les États-Unis, avec un littoral plus étendu et un mouvement commercial bien plus considérable, n'en ont que 7, et ne dépensent à leur marine que 18 à 19 millions (1)? Et cependant, le danger d'une guerre navale ne semble pas imminent; l'Angleterre n'a pas intérêt à la guerre, si nos armements ne la provoquent pas; et quand même quelques-uns de ses marchands la regretteraient, son gouvernement, d'accord avec l'opinion publique, ne l'accueillerait plus aujourd'hui sans une urgente nécessité.

L'Angleterre a balancé ses comptes depuis la paix; elle sait ce que lui coûte cette guerre que les inquiétudes de son aristocratie ont faite à notre révolution, en représailles de celle que nous avions faite à la leur dans les intérêts du pouvoir absolu; elle sait que la

____

(1) Voy. Rapport de la Commission du budget, du 2 juillet 1829.

valeur capitale de son immense commerce extérieur ne racheterait pas la moitié de la dette qu'elle a contractée (1) pour obtenir des succès qui, tout compensé, ont beaucoup retardé, loin de favoriser les progrès de sa richesse (2); elle sait en outre que le commerce a

(1) Les exportations de la Grande-Bretagne, d'après ses états officiels, sont d'environ £ 37,000,000 st. Estimant ses profits à 25 p. %, (taux certainement fort exagéré), c'est-à-dire, £ 9,250,000 st., c'est en porter le capital fort au-delà de sa valeur réelle que de le calculer, au denier 20, à £ 185,000,000 st. Or cette somme n'équivaut pas à la moitié de la dette contractée pendant le cours et pour la dépense de la guerre entreprise par M. Pitt.

(2) La valeur des exportations de la Grande-Bretagne, d'après les états officiels soumis au parlement, était,

en 1785	de £ 15,824,000 st.
1786	16,100,000
1787	16,659,000
1788	17,241,000
1789	19,158,000
1790	19,900,000
1791	22,480,000
1792	24,465,000

Ainsi, dans l'intervalle de la guerre d'Amérique à celle de la révolution française, non-seulement le commerce extérieur de la Grande-Bretagne s'était régulièrement accru chaque année, mais cet accroissement s'était opéré dans une proportion progressive, en sorte que la différence de £ 300,000 st. entre 1785 et 1786, se trouvait être de £ 2,000,000 st., entre 1791 et 1792.

Mettant néanmoins de côté cette dernière considération, et supposant un accroissement annuel seulement de la moyenne de ces différences, il en résulterait que, si l'Angleterre eût conservé la paix, ses exportations et son commerce extérieur se trouveraient être aujourd'hui de £ 70,000,000 st., au lieu de £ 37,000,000 st., d'après ses états officiels.

Que serait-ce donc si l'on comptait selon la progression ci-dessus constatée ?

aussi ses alliances, et que des conventions stipulées sous l'égide de la neutralité ont pu et sauraient encore protéger nos transactions commerciales contre les abus de la force; elle sait surtout très-bien que l'excès de ses taxes réduit le taux de ses profits, provoque l'émigration de ses capitaux, et la menace dans l'avenir d'un sort semblable à celui de la Hollande; son gouvernement sait aussi quelles réformes politiques amènerait chez elle l'expédient extrême d'une banqueroute, suite inévitable de nouvelles guerres et de nouveaux emprunts; cette grande leçon ne sera donc pas perdue pour elle, et son attitude prudente et paisible dans des circonstances recentes nous en offre un témoignage évident; nous pouvons donc être assurés de vivre en paix avec l'Angleterre, tant que nous ne l'armerons pas nous-mêmes d'une force incalculable, en l'attaquant dans la condition essentielle de son existence.

Il y a toutefois loin de cette sage réserve aux égaremens d'un esprit circonvenu qui livrerait l'appui de notre alliance à des spéculations plus ou moins imminentes, contre l'indépendance de notre navigation et de nos relations de voisinage, jusque dans nos mers intérieures.

Soyons amis de l'Angleterre; mais abstenons-nous de lui rendre la guerre possible par notre alliance, car ses terreurs et ses querelles ne sont pas les nôtres; la guerre n'est praticable pour elle que dans des vues de prépondérance maritime, et dès-lors nos intérêts seraient chez ses ennemis. C'est ainsi que la victoire, fruit d'une coopération commune, a pu lui sembler malencontreuse (*untoward*), parce que nos intérêts réels étaient divergens.

A plus forte raison devons-nous cesser de construire de nombreux vaisseaux de haut bord, destinés à devenir sa proie à chaque déclaration de guerre, et de voter tous les ans d'énormes dépenses pour maintenir un établissement maritime toujours insuffisant pour l'attaque, et superflu aux besoins de la défense.

Néanmoins, si nous persistions dans le système de ce dispendieux établissement, et supposant qu'il fût nécessaire d'y pourvoir, examinons la seconde question, à savoir si c'est dans l'extension de notre marine marchande qu'il en faudrait chercher les moyens.

Cette opinion est très-répandue, je le sais; mais elle est vivement contestée aussi par des hommes dont l'avis mérite d'être écouté; et des officiers de marine, distingués par leur savoir et leur expérience, affirment qu'une force maritime militaire peut être, et serait *mieux* entretenue par des moyens spéciaux et constans que par des appels à la marine marchande, en cas de guerre; à leur avis, le meilleur matelot d'un navire marchand est loin de savoir ce que la pratique de son métier apprend à un homme formé à bord d'un bâtiment de guerre; ils pensent qu'une école pratique de matelots, en tems de paix suppléerait avantageusement au système du recours à la marine marchande en cas de guerre, et que le service du personnel maritime serait ainsi mieux assuré en tout tems et toute occasion; les frais en seraient prélevés sur les retranchemens ci-dessus indiqués, et les partisans de ce système prétendent que la dépense en serait bien compensée par la plus forte composition des équipages, par l'affranchissement que la marine royale obtiendrait d'une nécessité de recours à des moyens étrangers à son organisation, et imparfaitement assortis à ses besoins, et enfin par l'avantage de ne pas priver les armateurs en course de leurs meilleurs matelots, dans les circonstances où ils leur deviennent nécessaires et précieux.

L'utilité et la convenance de ce système sont particulièrement recommandées en Angleterre, en opposition à l'odieux régime de la presse des matelots (1).

Je n'ai garde toutefois de hasarder une opinion positive dans une question spéciale qui m'est tout étrangère. Je reproduis l'avis de gens instruits en cette matière, et j'en conclus seulement qu'il n'est ni prouvé ni généralement admis que l'existence de notre force maritime soit liée par un rapport nécessaire à celle de notre marine marchande (2).

Mais je ferai beau jeu à MM. les partisans des surtaxes et du système colonial.

J'admettrai que la défense et l'honneur du pays exigent un grand établissement maritime permanent. J'admettrai en outre que cet établissement, présumé possible, malgré son énorme dépense et les ombrages répressifs de l'Angleterre, ne puisse être créé et alimenté que par le concours et l'extension de la marine marchande.

---

(1) Quelque paradoxale que puisse d'abord paraître cette opinion, il est toutefois incontestablement vrai que la marine de la Grande-Bretagne pourrait être aussi formidable qu'elle l'est actuellement, ou, s'il était nécessaire, infiniment plus encore, quand même elle ne posséderait pas un seul navire marchand.

(Edimb. Rev. Août 1825.)

(2) La marine marchande de la Russie est à peu près nulle, et cependant sa force maritime est respectable.

Le système colonial favorise-t-il cette extension? c'est ce qui reste enfin à examiner.

Le contraire me semble indubitable, et je pense que la protection donnée aux relations maritimes par la surtaxe, leur est infiniment plus nuisible qu'utile.

Une profonde conviction peut seule m'enhardir à soutenir cette opinion contre l'avis d'un personnage dont je respecte la haute autorité; mais, harcelé par les préjugés et les intérêts qui le dominent, il s'est laissé parfois, et sans doute à regret, entraîner à des professions qui m'ont semblé peu d'accord avec ses principes.

M. Huskisson sait bien que lorsque l'Irlande fut affranchie du régime colonial, en 1779 et 1780, les sinistres prédictions des villes de Glascow et Liverpool ne se sont pas réalisées.

Il sait aussi que l'Angleterre, obligée de renoncer au monopole de ses colonies d'Amérique, en 1783, n'en a pas éprouvé les conséquences désastreuses dont elle se croyait menacée. Les avis prophétiques du docteur Smith, à ce sujet, ont été pleinement justifiés par l'événement; l'Angleterre s'est trouvée affranchie des charges d'administration et de défense; en même temps, ses exportations aux États-Unis sont sept ou huit fois plus considérables aujourd'hui qu'elles ne l'étaient avant la guerre de l'indépendance, et sa marine s'en est accrue en proportion (1).

Mais, tout en déclarant que les restrictions et surtaxes sont autant d'atteintes à la propriété privée et à la richesse publique, M. Huskisson, dans plusieurs

(1) Voyez son discours au Parlement, du 22 mars 1825.

occasions solennelles, a semblé reconnaître pour son pays la nécessité de sacrifier la richesse à la puissance, accordant aux préjugés de l'Angleterre, non-seulement la conservation des derniers débris de son acte de navigation, mais la reconnaissance du principe même sur lequel ils sont établis; comme si, en dernière analyse, la vraie puissance ne dérivait pas toujours directement ou indirectement de l'accumulation des capitaux, qui suppose et implique la moralité et la sagesse du gouvernement! Comme si le matériel de la marine militaire de l'Angleterre n'était pas une émanation de sa richesse qui lui fournit les moyens de soutenir cette charge, comme toute autre charge publique, en vue de sa conservation et de sa prospérité! Et comme si ce n'était pas à sa richesse qu'elle doit l'assurance de ne jamais manquer de matelots au jour de la nécessité, tant qu'elle aura de quoi les bien payer! C'est précisément en ne sacrifiant pas la richesse à la puissance, que cette puissance se trouve, au besoin, sous la main de la richesse, et M. Huskisson le savait mieux qu'un autre, lorsqu'il comptait au nombre des avantages de sa position la faculté de remplacer, en temps de guerre, les matelots marchands requis pour le service royal, par cette foule de matelots des états secondaires du Nord, avec lesquels les relations commerciales de l'Angleterre la mettent en rapports habituels, et que l'offre de salaires élevés placent, au premier appel, à sa disposition (1).

M. Huskisson serait-il fondé à croire qu'il trouve ces matelots sur sa marine marchande, parce qu'il l'a

____

(1) Voyez son discours au Parlement, du 12 mai 1826.

protégée au moyen de son système colonial? Non certes, car ses navires marchands sont précisément le résultat, la suite, la conséquence de son commerce,
c'est-à-dire, de la richesse qu'il sacrifie; il n'y a pas
une logique de terre et une logique de mer, et je le
répète, cette contradiction de M. Huskisson avec lui-
même ne se peut expliquer, ne se peut concilier avec
la droiture de ses vues, que par les difficultés de sa
position.

Et en effet, qu'est-ce que la marine marchande?
est-elle autre chose que le moyen de ces échanges qui
sont eux-mêmes la conséquence et le but de l'accumulation des capitaux? Sans doute la marine, en facilitant
les échanges, concourt aux progrès ultérieurs de la
richesse, par l'extension du marché; mais ce concours,
analogue à l'effet que produisent les machines sur la
puissance productive du travail, ne peut être que la
suite de l'application d'un capital préalablement accumulé; car un navire, comme une machine, ne peut
produire d'effet que postérieurement à sa construction.

Ainsi, la marine est bien, si l'on veut, un moyen,
un instrument de richesse; mais la création, la mise
en œuvre de cet instrument est, et ne peut être que
l'effet, la suite, une conséquence des progrès de la richesse.

L'extension de la marine marchande est donc l'effet,
non la cause de l'accumulation des capitaux.

Mais ce qui nuit au principe, ne saurait être favorable à la fin.

Or, le système colonial est éminemment nuisible
aux progrès de la richesse publique, car:

1° *Il soumet la métropole, aussi bien que les co-*

lonies, *à des dépenses qui excèdent le taux d'une contribution proportionnelle aux charges communes de la société.*

On me dispensera sûrement de réunir des chiffres pour prouver ce que personne ne conteste.

2° *Il gêne le libre et le plus utile emploi des capitaux.*

Le système colonial est un double monopole dont nous avons reconnu les fâcheux effets, d'une part, à l'égard de la colonie, d'autre part, à l'égard de la métropole. Des deux côtés, il rend le même travail moins productif; il déprime le taux du profit; il n'accroît la rente du propriétaire foncier qu'aux dépens de la population entière, et dans une proportion insignifiante, relativement au dommage qu'en souffre le reste de la société. Nous ne reviendrons pas inutilement sur ces démonstrations épuisées.

3°. *Enfin le système colonial multiplie les occasions de guerre, et la rend plus périlleuse par la multiplication des points vulnérables.*

On sait assez que la guerre est de toutes les calamités, la plus funeste à la richesse publique; les accumulations privées, dont le principe tient au cœur de l'homme, peuvent réparer les prodigalités d'un gouvernement dissipateur; mais le feu de la guerre consume promptement toutes les épargnes individuelles; non-seulement le revenu net destiné aux progrès, mais le fonds affecté à la reproduction, le capital même en est atteint, et l'avenir est dévoré par des anticipations; tel est en général le résultat des guerres heureuses; que sera-ce des autres?

Il est à croire que la volonté générale et l'opinion

publique prendront chaque jour plus d'empire sur
l'action des gouvernemens ; et lorsque les peuples seront eux-mêmes plus éclairés sur leurs vrais intérêts ,
ils comprendront que la prospérité de leurs voisins ,
loin de leur être nuisible, réagit sur la leur propre ;
alors les chances de guerre diminueront, et tous ces
intérêts de la religion , du commerce, de la famille
régnante, etc. , se réduiront aux seuls intérêts réels de la
société. Mais en attendant que des lumières plus répandues prennent racine dans la population , et portent
leurs fruits dans la région supérieure des gouvernemens , tout ce qui pourra rendre moins fréquentes
les occasions de guerre , sera certes un avantage
signalé pour les progrès de la richesse et pour le bien
de l'humanité ; or, depuis que la force des gouvernemens
au-dehors, et leur sécurité au-dedans, se mesurent sur
l'état de leurs finances, l'accroissement de la richesse
publique, et les intérêts du commerce, bien ou mal
appréciés, sont devenus l'objet principal de leur solli-
citude ; c'est pourquoi les intérêts du monopole ont pris
une part notable dans les motifs de presque toutes les
guerres des derniers temps. Celle de 1739 entre l'Angleterre et l'Espagne n'avait pas d'autre objet. La
guerre de Sept ans n'était, pour la France et l'Angleterre , qu'une guerre de prétentions coloniales ; enfin
la guerre d'Amérique, et jusqu'à nos jours la plupart
des guerres du siècle dernier, ont eu pour objet, principal ou accessoire , l'intérêt de quelque colonie, c'est-
à-dire la défense ou l'acquisition de quelque monopole ;
car l'intérêt des colonies n'a jamais été que celui du système colonial, ce mot n'a pas eu d'autre signification.

Quant au danger de multiplier les points vulnérables, ce n'est pas à nous, malheureusement, à révoquer en doute les inconvéniens d'une défense impraticable à d'immenses distances, au prix d'énormes dépenses, et d'efforts glorieux, mais nécessairement insuffisans.

Si donc le système colonial est une cause tellement puissante et active de destruction pour nos capitaux, comment serait-il une cause d'accroissement pour notre marine marchande, simple moyen de transports et d'échanges, et conséquemment, effet et suite de l'extension de notre commerce par le progrès des richesses?

La conséquence contraire n'est-elle pas d'une rigoureuse et incontestable vérité?

La surtaxe, qui n'est autre que la mise en pratique du système colonial, est donc une entrave à l'extension de notre marine marchande; elle est donc non-seulement inutile, mais nuisible aux intérêts de la défense du pays, dernier argument de ses partisans, et cela dans la série de toutes les suppositions les plus favorables à leur opinion.

CHAPITRE III.

DE LA PRIME PAYÉE AUX RAFFINEURS.

Lorsqu'un produit est frappé de taxes intérieures, à titre d'impôt, il est nécessaire d'imposer une taxe équivalente à l'introduction étrangère du même genre de produits, autrement la taxe opérerait comme une injuste prime au profit du producteur étranger.

Par une semblable raison, il est juste et nécessaire de restituer au producteur national exportateur, l'équivalent des taxes qu'il aurait réellement payées, à titre d'impôt, lors de l'introduction de matières étrangères, entrées comme élément dans la composition des produits de son travail.

Ainsi, rien de plus convenable ni de plus juste que les droits compensateurs tels, par exemple, que ceux qui sont établis chez nous, à l'entrée des vins et boissons.

Il en est de même des restitutions de droits ou *Drawbacks* bonifiés à la sortie des sucres raffinés, en compensation de la taxe imposée pour les besoins du fisc, à l'entrée des sucres bruts dans le pays.

Ces sortes de droits et de Drawbacks n'ont de commun que la forme avec les taxes et primes destinées à la protection de telles ou telles branches de travail;

car loin d'être institués en vue de privilége et de monopole, ils sont au contraire destinés à rétablir, en faveur de la liberté industrielle, l'équilibre dérangé par les impôts.

Ce caractère d'équité et de convenance appartient à cette partie de la prime payée au raffineur, laquelle correspond à la restitution du droit colonial considéré comme impôt ; mais toute la portion de cette même prime qui correspond, soit au droit colonial considéré comme encouragement à la fabrication du sucre indigène, soit à la surtaxe représentant la plus-value du sucre colonial comparé au sucre étranger, toute cette portion, dis-je, de la prime payée au raffineur, tombe dans le système du privilége et d'une protection spéciale accordée à son travail ; elle mérite donc, à ce titre, la critique que nous avons faite de toute protection de cette nature.

Dans le premier cas, le fisc remet un dépôt, en restituant la taxe perçue sous une condition de consommation présumée et non accomplie ; dans le second, il paie réellement pour le compte des contribuables une prime accordée à un travail spécialement protégé.

La société en souffre par l'effet de l'emploi forcé et moins profitable de son capital, et en outre, par le sacrifice imposé aux consommateurs, forcés de payer le sucre à un prix plus élevé, à cause de la concurrence du raffineur dans des achats destinés à une consommation étrangère.

Espérons que les Italiens, Suisses et Allemands, sont reconnaissans de ce que nous nous cotisons pour les approvisionner de sucre raffiné à bon compte. Quant à nos raffineurs eux-mêmes, ils ne participent pas à nos bienfaits, car, selon la loi commune, leurs profits sont réduits, par leur propre concurrence, au taux ordinaire des profits de toute industrie, dans le temps et les circonstances données (1).

M. le Rapporteur s'élève avec force et raison contre cet abus (2), et nous partageons bien sincèrement son avis. Toutefois, nous devons dire que cet abus n'est qu'une conséquente application du principe sur lequel la surtaxe elle-même est fondée. Que M. le Rapporteur veuille appliquer à toutes les suites du système la juste réprobation dont il frappe ici l'une de ses conséquences, et nous serons d'accord avec lui.

Quant à la question de préférence entre le *Drawback*, introduit par la loi de 1822, et la *Prime*, établie par la loi de 1826, je sais que le premier système avait pour inconvénient de forcer le plus honnête raffineur à un mensonge légal, et de donner lieu à des fraudes multipliées et inévitables (3).

Je sais que le second a pour inconvénient l'impossibilité d'appliquer une prime fixe à des cours variables, ou d'imposer au commerce une prime variable, arbitraire, et incompatible avec ses plus impérieux besoins (4).

Mais, s'il est une fois admis que l'un et l'autre système doivent avoir pour objet l'application du même principe, sous des noms différens, j'avoue n'avoir pas grand courage à en examiner les avantages et inconvéniens comparés, et je ne suis pas surpris que les

(1) Enquête, p. 99 et 119.
(2) Rapport, p. 84 et 92.
(3) *Id.* p. 86 et 87.
(4) *Id.* p. 84.

dégoûts d'un tel travail aient rebuté la Commission elle-même (1), qui a fini, tout simplement, par y renoncer. Peut-être quelque jour se remettra-t-on à l'œuvre pour nous expliquer pourquoi on protége le raffineur et le forgeron, aux dépens du vigneron et du tisserand; pourquoi on protége ici, pourquoi pas là; pourquoi aucuns, et pourquoi pas tous.

(1) Voyez Rapport, p. 98.

La question a paru insoluble à la Commission; et dans l'impossibilité de la résoudre, nous nous sommes déterminés à maintenir l'état actuel.   (Exposé des motifs, 21 mai 1829.)

RÉSUMÉ ET CONCLUSION.

Récapitulons les charges que supporte le consommateur en taxes, surtaxes et primes, pour la seule protection des producteurs de fer et de sucre, et sans utilité aucune pour le fisc.

1° Taxe sur les fers étrangers, y compris ses effets sur le bois et la houille, environ   5o,ooo,ooo fr. (1).

2° Portion de la taxe coloniale destinée à la protection du producteur indigène, et dont le consommateur pourrait être soulagé sans perte pour le fisc........   14,5oo,ooo (2).

3° Surtaxe sur les sucres étrangers.....................   20,000,000 (3).

4° Prime aux raffineurs, indépendante du Drawback.......   1,5oo,ooo (4).

TOTAL.....   86,000,000 fr.

Si l'on considère que, pour la taxe des fers et la surtaxe des sucres, ces évaluations sont celles d'une administration qui défend son œuvre, et si l'on y

(1) Voy. ci-devant page 14.
(2) Voy. ci-devant page 69.
(3) Rapport, page 42.
(4) Enquête, p. 102, et Rapport, p. 42.

ajoute les charges que supportent nos compatriotes dans les colonies, en plus-value de leurs consommations, à cause de la protection accordée aux producteurs des denrées, etc., que nous leur envoyons par privilége(1), ce sera certes une évaluation bien modérée que celle de 100 millions pour ce qu'il en coûte chaque année à la société, en protection spéciale accordée au producteur de fer et de sucre. Ce sacrifice diminue d'autant notre puissance d'épargne, les moyens d'accumulation privée et d'accroissement de la richesse publique ; et il ne dessèche pas seulement la source des progrès futurs, il nuit actuellement même à l'industrie générale du pays ; et non-seulement à l'industrie générale, mais à ces industries spéciales au profit desquelles il a été institué ; il nuit à tous les agens d'industrie, en déprimant le taux des profits sans améliorer le sort de l'ouvrier, qu'il tend au contraire à rendre plus misérable par l'abaissement de son salaire réel (2).

Sous le rapport fiscal, le Trésor est privé, par ces taxes, de l'accroissement de revenu que les progrès de la richesse (suite du libre emploi des capitaux) lui eussent procuré chaque année par l'accroissement progressif de la consommation.

Cette considération est, pour l'avenir, d'une très-grande importance.

Quant à présent, le Trésor est privé d'une ressource disponible et annuelle de 100 millions, que paie le

----

(1) Sans que cette plus-value profite au producteur de la métropole, ainsi que nous l'avons reconnu.

(2) Voy. ci-devant, page 32.

consommateur (sur deux articles seulement), sans qu'il en entre un écu dans les caisses du Trésor ; et sans doute nous paierions aussi volontiers cette contribution pour instituer des écoles, pour ouvrir des routes ou creuser des canaux, que pour étançonner une hypothèse.

Venant donc à une détermination actuelle, je pense qu'il convient, avant tout, de déclarer franchement et hautement la résolution de renoncer pour l'avenir au système absurde de la protection accordée à certains travaux, en vue de l'encouragement de l'industrie.

Et que, pour remédier aux souffrances présentes, il faut revenir par des voies sagement dirigées au principe du libre emploi du travail et de l'industrie, et réparer ainsi, peu à peu, le dommage que la législation actuelle a porté à ceux mêmes qu'elle a voulu servir ; faisant, aux intérêts compromis dans la transition, une part large et généreuse au moyen de tous les tempéramens admissibles (1).

Ainsi, en ce qui concerne les fers, je proposerais de réduire immédiatement d'un cinquième la taxe d'entrée tant sur le fer que sur la fonte, et de fixer un taux de réduction ultérieure, d'année en année, en sorte que, dans un temps déterminé, la taxe fût abolie ou réduite à ce qu'il serait nécessaire d'en conserver pour compenser toute taxe intérieure actuelle ou éventuelle, à titre d'impôt sur la fabrication ou consommation du fer indigène.

Quant aux sucres, je proposerais 1° de réduire immédiatement d'un tiers la taxe coloniale ;

____

(1) Voy. ci-devant, pages 40 et 41.

2° De réduire immédiatement la surtaxe de moitié, et de fixer un taux de réduction, d'année en année, en sorte que, dans un temps déterminé, elle fût totalement abolie, et les droits sur tous les sucres étrangers réduits au tarif des sucres coloniaux;

3° D'établir à la fabrication du sucre indigène une taxe très-légère d'abord, et qui s'accroîtrait, d'année en année, jusqu'au taux fixé pour l'entrée des sucres coloniaux;

4° Enfin de réduire la prime payée aux raffineurs au montant de la simple restitution des droits acquittés à l'entrée.

Sauf toutes mesures secondaires et de détail, et proposant ces conclusions pour bases des changemens à introduire; je les crois préférables aux propositions du Ministre, sur le rapport de la Commission d'enquête; mais je reproche bien moins à celles-ci leur insuffisance en elles-mêmes, que l'absence de principes qui leur servent de justification et d'appui; des deux rapporteurs de la Commission, l'un n'aborde même pas la question, et l'autre semble l'éviter quand il l'approche : pourquoi le travail de cette Commission n'a-t-il pas réalisé les espérances que le public avait placées dans une réunion d'hommes dont il estime d'ailleurs les talents et respecte le caractère ? L'explication s'en trouve dans le principe même de leur réunion; c'est que l'esprit dans lequel ils ont été choisis et mis à l'œuvre, n'était ni ne pouvait être un esprit d'ordre, et de vues générales, exemptes de préoccupation; et ceci n'est pas un reproche, car il ne serait donné qu'à la plus haute sagesse de se dépouiller, en pareil cas, de tout avantage et de toute influence : c'était indubitablement dans des vues de bien public que M. le Ministre du Commerce désirait le triomphe de ses propres convictions; aussi cette enquête n'avait-elle évidemment pas d'autre but.

En effet, que voulait-il ? Constater des faits ? Cet appareil ne lui était pas bien utile, et il n'en était pas à apprendre comment et par quelles voies il les pouvait recueillir.

En tirer des inductions ? établir des principes? Mais le Ministre n'aura-t-il donc pas éprouvé quelque embarras à poser lui-même des questions, et à provoquer ces réponses, desquelles devait jaillir le jugement de ses œuvres?

Aussi cette Commission d'enquête n'a-t-elle été considérée que comme un simple conseil d'administration, et envisagée, selon l'expression même de M.' de St.-Cricq, que comme un *bon exemple* (1).

Le public reconnaissant l'a accucilli des mains du Ministre, comme émané du trône même auquel il attache, à juste titre, l'origine de notre Charte et de nos libertés; mais il reste en même temps convaincu que ce *bon exemple* veut être recueilli par d'autres et greffé sur une autre tige pour porter ses fruits, et qu'une enquête établie et dirigée par un administrateur en vue de l'appréciation de ses actes, ne sera jamais une institution bien digne de ses respects.

L'administration a sans doute besoin de connaître les faits, et d'innombrables moyens sont à sa disposition pour les recueillir; elle les observe à loisir, les vérifie, les analyse, pour en tirer des règles de con-

_____

(1) Exposé des motifs, 21 mai 1829.

duite; mais la vérité de fait le plus authentiquement constatée ne dégagerait pas l'administrateur de la responsabilité morale attachée aux fausses inductions qu'il en aurait tirées.

Ainsi la vérité seule lui importe, et l'authenticité lui est superflue.

La solennité d'une enquête est donc sans objet pour l'administration.

Les Chambres, étrangères à l'action administrative, n'ont pas les mêmes moyens d'informations; toutefois la connaissance des faits leur est aussi nécessaire, car à leur attribution législative se joint une attribution de contrôle sur l'emploi du produit de l'impôt, etc., laquelle se résout éventuellement en un acte d'accusation personnelle.

Elles ne peuvent obtenir cette connaissance des faits que par des témoignages, dont la publicité est nécessaire; car le contrôleur doit justifier sa critique, et l'accusateur, au besoin, produire ses preuves.

La vérité des faits ne suffit donc pas aux Chambres, il leur faut l'authenticité.

La solennité de l'enquête est donc ici à sa place, et c'est de la part des Chambres que les comités d'enquête présenteront d'utiles résultats, soit durant le cours des sessions, soit dans les intervalles d'une session à l'autre, ainsi que l'usage s'en établira parmi nous, comme en Angleterre, lorsque nos Chambres en auront apprécié toute l'utilité (1). Ceux qui s'en inquié-

---

(1) «Le Parlement anglais croit s'honorer en établissant une en-
« quête sur les choses en apparence les moins dignes de son atten-
« tion... Ces comités d'enquête dont nous sommes privés, sont
« peut-être la source la plus féconde de la prospérité anglaise...

teraient et prétendraient nous en effrayer, manque-
raient ou de jugement ou de bonne foi ; car s'enquérir
des faits n'est pas administrer : s'enquérir est le devoir
et conséquemment le droit des Chambres ; administrer
en serait un énorme abus ; et si les avantages d'un
moyen utile ne sont pas un motif pour en abuser, ses
inconvénients ne sont pas une raison pour n'en pas
user du tout.

Des enquêtes de cette nature seront nécessairement
favorables aux progrès de la liberté commerciale, dont
les bienfaits ne sont pas encore assez généralement
appréciés ; celle-ci sera longue et difficile à fonder ; car
tels ardens promoteurs de la liberté civile et politique
ont acquis à cette œuvre un crédit sur l'opinion et une
popularité qu'ils n'emploient pas toujours à combattre
des préjugés qui leur profitent. L'Angleterre nous offre
de nombreux exemples de cette nature ; partout les
hommes sont rares qui préfèrent leur part d'intérêt
social à leur intérêt personnel et privé ; c'est un effort
de vertu qu'on est à peine en droit d'exiger d'eux ;
d'ailleurs l'avantage n'est pas toujours évident, et ceux
qui ont intérêt à l'erreur sont durs à la conviction.

Si la liberté commerciale et le libre emploi du travail favorisent les progrès de la richesse générale, leur

----

« C'est dans le Rapport du Comité d'enquête de la chambre des
« Communes, en 1825, que l'on trouve les notions les plus précises
« sur les manufactures françaises. Rien n'est plus instructif ni plus
« honteux pour nous, car rien n'égale la profonde ignorance où
« sont plongées les Chambres, sur tout ce qui concerne notre com-
« merce considéré en grand, et par conséquent sur les sources de
« la puissance.»

(*Du commerce maritime,* par M. le Cte de Vaublanc. 1828.)

action n'est pas moins féconde quant aux intérêts du fisc et du revenu public.

Nous cherchons partout des ressources contre la stérilité croissante et l'insuffisance actuelle de nos impôts.

Sans doute les cumuls sont scandaleux;

Sans doute les gens de cour sont avides;

Il faut abolir les abus dans l'intérêt de l'ordre et de la morale, et peut-être aussi dans l'intérêt d'une bonne politique intérieure; mais en fait d'économie financière, ces ressources sont insignifiantes et nous détournent quelquefois du vrai but.

Voulez-vous de véritables et larges résultats? Cessez de tarir les sources mêmes de vos impôts; ajoutez à leur fécondité, en laissant au pays la faculté de s'enrichir, au lieu d'entraver sa prospérité par les essais obstinés de vos théories sans fondement; substituez à des taxes stériles pour le trésor public et ruineuses pour le contribuable, des taxes abondantes pour le fisc et favorables, nécessaires même au développement de la richesse, puisqu'elles sont destinées à la protection de la propriété. Abstenez-vous de soumettre les spéculations de l'intérêt privé, toujours sages et profitables dans leur ensemble, aux aveugles prescriptions de vos directions administratives. Usez de la force publique, dont vous êtes investis, pour assurer l'exécution des lois et nous protéger contre toutes violences; mais cessez de prétendre nous protéger contre nos propres erreurs, et veuillez nous laisser faire nos affaires; à cet égard notre intérêt en sait plus que vous. L'abondance de l'impôt est attachée à notre prospérité, et celle-ci ne se développera que par le libre emploi de nos facultés physiques et intellectuelles, dont l'abus seul est de votre compétence, lorsqu'il attente à l'ordre public ou aux droits d'autrui.

Vos enquêtes mêmes seront vaines et sans résultats, tant que, vous bornant à invoquer le témoignage de vos bureaux, ou à consulter les gens qui sont de votre avis, vous ne leur demanderez qu'une sanction de vos actes; il en est qui sont fondés sur d'absurdes théories, et il suffit d'étudier notre législation politique des douanes pour faire un cours d'erreurs complet.

Ainsi, d'observations exactes il vous arrive d'extraire des notions fausses et de faux principes.

Ou bien de principes vrais vous tirez de fausses conséquences.

1er *Exemple*. Il est de fait que Pierre, Paul et Nicolas sont riches, et qu'ils ont beaucoup d'argent.

Donc, dites-vous, ils sont riches, parce qu'ils ont beaucoup d'argent.

Donc l'argent constitue la richesse.

Donc la société, collection d'individus, sera d'autant plus riche qu'elle possédera plus d'argent.

Il convient donc de gêner l'exportation de l'argent et d'en favoriser l'introduction.

Or celui qui fournit le plus de produits aux échanges reçoit une soulte en argent.

Il faut donc produire beaucoup, afin d'exporter beaucoup, et repousser les produits de l'étranger, afin de le forcer à solder en argent.

Telle est la *science* de l'administration ; voyons quelle est sa *puissance*.

2e *Exemple*. Pour produire il faut travailler.

Donc plus on travaille, plus on produit.

Il convient donc d'encourager le travail chez nous, et d'écarter le travail étranger.

Cependant, comme nous ne pouvons prendre que là où il y a, nous nous adresserons au travail productif, à celui qui se suffit, et nous lui demanderons 1° des impôts; 2° des capitaux pour encourager le travail qui ne se suffit pas, celui qui autrement ne produirait rien, et nous protégerons celui-ci en écartant les produits de même nature que l'étranger nous offre et qui donneraient valeur d'échange aux produits du premier travail (1).

Dans la *spéculation*, l'administration s'est trompée en prenant l'effet pour la cause, l'argent pour la richesse.

Dans *l'exécution*, elle se trompe en prenant le moyen pour le but, le travail pour son produit. Cependant le pays crie que jamais pauvre patient ne fut condamné à de si cruelles expériences.

Dureront-elles encore long-temps? Combien de temps encore une tradition officielle d'absurdes et honteux préjugés se transmettra-t-elle, comme un mobilier, d'une administration à l'autre, à chaque révolution du cabinet?

Combien de temps encore une bureaucratie vivace,

____

(1) C'est le cas actuel de nos propriétaires-cultivateurs de vignes, accablés, moins encore sous le poids de l'impôt, que sous celui de taxes prohibitives qui entravent leur industrie, en attribuant à d'autres une prime sur la leur.

En pareil cas, le plus malheureux capitaliste est celui qui est engagé dans des entreprises agricoles, car il ne peut transporter à d'autres emplois du travail un capital immobilisé en défrichemens, desséchemens, plantations, etc. Il peut être réduit à tout perdre.

rattachant son existence au foyer de ces tristes inspira-
tions, y puisera-t-elle cette force de tracassière hostilité
à tout libre développement de l'industrie?

Aussi long-temps que les lumières de l'instruction
ne perceront pas les brouillards qui nous enveloppent;
c'est-à-dire aussi long-temps que le MONOPOLE *de l'en-
seignement* couvrira de sa protection tous ses frères,
sinistres enfans de la même famille.

Graces à son influence, l'application des simples règles du bon sens, 1° au bien-être matériel et, par suite,
à l'amélioration morale des individus, 2° à la prospérité
des peuples et, par suite, à la sécurité et à la puissance
des gouvernemens, ces principes élémentaires de la
science économique, également appropriés aux intérêts
privés et aux besoins publics, ne sont pas encore admis
dans la philosophie de nos écoles, tandis que des
méthodes rebutantes, appliquées à l'étude des langues
classiqnes, éteignent dans le cœur de l'enfance jusqu'au
désir si naturel de l'instruction, par le dégoût des scules
choses qu'on lui enseigne.

Admettez la libre concurrence, sauf répression de
l'abus, et tous ces maux disparaîtront; car le Créateur
seul est infaillible, et l'homme recueillera ses bienfaits
infinis lorsqu'il cessera de les méconnaître et de s'en
rendre indigne, en plaçant l'orgueil de ses étroites
conceptions au-dessus des décrets immuables de la
Providence.

FIN.